WAS IST EIGENTLICH GENTRIFIZIERUNG – und was kann man dagegen tun? Der Autor beschreibt die unterschiedlichen Ansätze all jener, die derzeit um die Nutzung der Städte streiten: City-Marketing und kreatives Prekariat, kommunale Stadtentwicklung und Menschen aus verschiedensten Bereichen, die »von unten« für eine Stadt für alle kämpfen. Angriffslustig und im besten Sinne parteilich führt das Buch in die aktuellen Aktivitäten und Alternativen ein.

CHRISTOPH TWICKEL, Jahrgang 1966, Journalist und Buchautor, hat die Hamburger »Recht auf Stadt«-Bewegung als Journalist begleitet und ist als Mitinitiator und Sprecher von »Not In Our Name, Marke Hamburg« zu einem ihrer Protagonisten geworden. Bei Edition Nautilus sind von ihm folgende Bücher erschienen: *Hugo Chávez – Eine Biografie* sowie *Läden, Schuppen, Kaschemmen – eine Hamburger Popkulturgeschichte*.

CHRISTOPH TWICKEL

GENTRIFI DINGSBUMS

ODER EINE STADT FÜR ALLE

EDITION NAUTILUS

Mein Dank gilt den Aktivistinnen und Aktivisten von Komm in die Gänge, No BNQ, Einen Gang zulegen, Schreberspacken, Local Organized Multitude (LOMU), Es regnet Kaviar, der Roten Flora, des Centro Sociale, dem Einwohnerverein St.Georg und den anderen Initiativen des Hamburger »Recht auf Stadt«-Netzwerks, dem Schwabinggrad Ballett, dem Euromayday, dem Buttclub, den Machern der Dokumentation »Empire St. Pauli«, der Redaktion von »Unter Geiern«, dem Ehrenfelder-Magazin aus Köln, dem Freiräume-in-Bewegung-Netzwerk aus Düsseldorf, der LAG Soziokultur NRW, Hannah Kowalski, Marion Walter, Christine Ebeling, Florian Tampe, Ted Gaier, Katharina Köhler, Torsten Seif, Rocko Schamoni, Peter Lohmeyer, Melissa Logan, Susie Reinhardt, Armin Chodzinski, Norbert Hackbusch, Siri Keil, Robert Jarowoy, Sacha Essayie, Gerald Wolf, Michalis Pichler, Sven Stillich, Christoph Schäfer, Rolf Weilert, Marc Meyer, Chara Ganotis, Tino Hanekamp und Tina Petersen.

EDITION NAUTILUS Verlag Lutz Schulenburg | Schützenstraße 49 a | D-22761 Hamburg | www.edition-nautilus.de | Alle Rechte vorbehalten | © Edition Nautilus 2010 | Autorenfoto Seite 2: Dirk Pudwell | Umschlaggestaltung: Maja Bechert, www.majabechert.de | Originalveröffentlichung | Erstausgabe August 2010 | Druck & Bindung: Druckhaus »Thomas Müntzer« | 3. Auflage August 2011 | ISBN 978-3-89401-726-2

Vorwort

Gentrifi... was? Das Dingsbums geht nicht leicht über die Lippen. Aber es ist da. Es fällt dir auf, wenn du dich eines Sonntagmorgens fragst: Wann bin ich eigentlich zum letzten Mal wach geworden, weil jemand einen Nachbarn mit der Hupe rausgeklingelt hat? Heute ist nur noch das Raspeln von Rollkoffern auf dem Pflaster zu hören. Du bemerkst es, wenn auf dem Spielplatz keiner mehr nach »Kevin« oder »Cem« ruft. Wenn auf dem Bauschild vor dem Apartment-Rohbau steht: »Der Kiez freut sich auf Sie!« Wenn nachts um halb zwei immer noch Leute mit Laptop in der Bar sitzen. Wenn das Fleischerei-Fachgeschäft einem Adidas-Flagship-Store weicht und du dich kaum mehr daran erinnerst: Wann war das noch mal, als die Fixerstube dicht gemacht und dort dieses freundliche Café eröffnet hat? Da sitzt du nun, bestellst die hausgemachte Zitronen-Tarte und liest von den hässlichen Seiten der Stadt in der Zeitung: Das Kleinkind, das in einer Großsiedlung an Unterernährung stirbt. Die alkoholisierten jungen Männer osteuropäischer Herkunft, die sich in einem »Problemstadtteil« eine Schlägerei mit der Polizei liefern. Gut, dass man da nicht wohnt! Sondern halt in den »üblichen Vierteln«, wie es auf den kopierten Zetteln mit den abreißbaren Telefonnummern heißt, die an den Ampeln kleben: »Wir (w 28, m 33), Akademiker, solvent, suchen Altbauwohnung in den üblichen Vierteln.«

Yuppisierung, Schickimickisierung, Lattemacchiatisierung. Wie auch immer man das Dingsbums nennen mag: Es ist eine Maschinerie, die die Teilhabe an der Stadt über Geld und Herkunft regelt. An ihren Schalthebeln mögen die politische Klasse, die Bauwirtschaft, Immobilienfonds, Banken und Investoren sitzen. Doch sie macht eben auch Leute zu Rädchen der ökonomischen Aufwertung, die das gar nicht im Sinn haben und ihr am Ende selbst nicht standhalten. Dass die Pioniere – die Studierenden, die Künstler, die Bohemiens und die Alternativkultur – ihr Schmiermittel sind, erklärt die Ratlosigkeit, die das Gentrifidingsbums in diesen Kreisen oft umweht: Wie soll man etwas bekämpfen, das man doch selbst produziert?

Eine Antwort auf diese Fragen suchte das Manifest »Not In Our Name, Marke Hamburg«, das wir – eine Handvoll Musiker, Künstler, Autoren, Club- und Labelmacher – im Herbst 2009 veröffentlicht haben. Unser Ausgangspunkt war jene Auffassung von Kulturproduktion und städtischer Aneignung, die mit dem Begriff der »kreativen Klasse« des US-Ökonomen Richard Florida zum Mainstream urbaner Standortpolitik avanciert ist: Dass sich Metropolen mit »kreativen Milieus« schmücken müssen, um ein investitionsfreundliches Image zu produzieren. Dagegen haben wir eine kollektive Haltung formuliert, wie sie sich etwa in der Parole der französischen »Coordination des Intermittents et Précaires« ausdrückt: »Keine Kultur ohne soziale Rechte!« Das Manifest gab einem Unbehagen Ausdruck, das offensichtlich nicht nur in Hamburg um sich greift. Der Text verbreitete sich von Blog zu Blog, fand sich nachgedruckt in diversen Zeitungen und wurde zur Blaupause für ähnliche Initiativen in anderen Städten.

Eine andere Antwort haben die Besetzer des Hamburger Gängeviertels gefunden: Mitten in einer innerstädtischen Premium-Lage haben sie die Überbleibsel des historischen Hafenarbeiter-Ghettos besetzt und gegen die Verwandlung des Areals in ein weiteres Büro- und Apartment-Quartier protestiert. Es gelang ihnen nicht nur, bundesweit eine Debatte um Stadtpolitik anzustoßen – sie setzten auch per »kultureller Bespielung« eine handfeste Hausbesetzung durch und schließlich den Rückkauf der Häuser durch die Stadt.

Die »Komm in die Gänge«-Gruppe ist nur die bekannteste unter vielen Initiativen, die sich in Hamburg zum »Recht auf Stadt«-Netzwerk zusammengeschlossen haben. Das Spektrum reicht von Schrebergärtnern über Mieterinitiativen, Parkschützer und Eltern behinderter Kinder bis zur linksautonomen Roten Flora. Auf St. Pauli mobilisiert die Initiative »No BNQ« gegen die Errichtung des Eigentumswohnungs-Komplexes Bernhard-Nocht-Quartier. In St. Georg sammeln Anwohner Unterschriften »gegen die Zerstörung der sozialen Strukturen«. In Altona halten Künstler und Stadtteilaktivisten wochenlang den Siebziger-Jahre-Einkaufskomplex Frappant besetzt, um die Ansiedlung eines Ikea-Möbelhauses zu verhindern. Hunderte von Großplakaten mit dem Slogan »Ikea bringt die Autobahn quer durch Altona« zwingen die Lokalpolitik zu aufgescheuchten Dementis. Eine gefakte Ausgabe der Imagebroschüre »Hamburg: Magazin aus der Metropole« flutet die Hansestadt. Anwohner, Baumschützer und Umweltorganisationen stemmen sich erfolgreich gegen den Bau einer Fernwärmetrasse mitten durch den Grünzug eines Sozialwohnungsgebiets zwischen St. Pauli und Altona. Mit »Fette Mieten Partys« bei Wohnungsbesichtigungen oder einer Leerstandskampagne bringen Aktivisten die Spekulationspraxis von Vermietern in die Öffentlichkeit. Anlässlich einer Managertagung der Immobilienwirtschaft taucht vor einem Luxushotel auf St. Pauli eine orange gewandete Sekte auf, die mit einem psychokinetischen Ritual das Gebäude ins Weltall zu schicken versucht. Mitglieder des Aktionsnetzwerkes gegen Gentrifizierung »Es regnet Kaviar« überkleben Klingelschilder mit nichtdeutschen Namen, um darauf hinzuweisen, dass das städtische Wohnungsunternehmen migrantische Bewohner aus den »üblichen Vierteln« hinausdrängt.

Eine unübersichtliche Multitude, die neue Strategien erprobt und neue politische Spielräume jenseits von kulissenhafter Anwohnerbeteiligung und linksradikalem Puritanismus eröffnet: Bewegungen für das Recht auf Stadt müssen *Tools* erfinden, um Schneisen in die unternehmerische Stadt zu schlagen. Auch dieses Buch will ein solches Werkzeug sein. Es ist der Versuch, den Hype um die globale und nationale Standortkonkurrenz zu dechiffrieren, der Städte heute zur Beute von Anlagekapital macht und die Gemeinwesen zu Geiseln von Imagepolitik. Es gibt viele kluge und dicke Bücher, die dies allgemeingültiger, wissenschaftlicher, detailreicher analysieren. Auch diese möge man bitte lesen. Ein Vorteil der folgenden Ausführungen liegt vielleicht darin, dass sie aus einer und für eine Grassroots-Perspektive geschrieben sind. Weniger für Stadtplaner, Architekten, Architekturkritiker, Stadtentwicklungspolitiker oder Urbanismusforscher also. Eher für Leute, die sich in eine Polemik über den Wandel ihrer Stadt einmischen möchten. Die das Gentrifidingsbums nicht mit einem Achselzucken quittieren oder für den Lauf der Dinge halten wollen – weil sie die Stadt als ihr Lebensmittel und als das ihrer Nachbarn begreifen.

Hamburg ist häufig das Exempel. Manches findet anderswo

ähnlich statt, anderes nicht. In ostdeutschen Städten etwa muss die Sorge weniger dringlich sein, dass subkulturell zwischengenutzte Gründerzeitviertel morgen zum Reservat einer Bionade-Bourgeoisie werden. Dort mag eher die Privatisierung von kommunalen Wohnungsbeständen das Desaster sein. Und wenn hoch verschuldete Ruhrgebiets-Kommunen von Dinslaken bis Oberhausen »Kreativquartiere« ausrufen, entstehen womöglich nur hochsubventionierte, halb leerstehende Enklaven. Bisweilen ist das Gentrifidingsbums nämlich nicht mehr als eine teure Chimäre, die eine Armada von Projektentwicklern, Architekten, Baufirmen, Event- und PR-Agenturen unterhält. Oder wie es kürzlich in einer E-Mail von Aktivisten aus Dortmund stand: »Anders als in Hamburg (Gentrification) lautet die Fragestellung im Ruhrpott: Was passiert, wenn nichts passiert?«

Den Titel des Buches verdanke ich einem Plakat, mit dem Aktivisten rund um den ehemaligen Bauwagenplatz »Bambule« in Hamburg zu einer Demonstration aufgerufen hatten. »Gegen Gentrifidingsbums« lautete der Slogan. Auch das ist ein Etappensieg der jungen »Recht auf Stadt«-Bewegungen in Hamburg und anderen Städten: Aus einem akademischen Fachterminus ist ein politischer Kampfbegriff geworden.

Kapitel 1
Inés oder Profit Center in der Problemzone

Eines Tages stand Inés aus Santiago de Cuba vor der Tür unserer Zweier-WG. Mein Mitbewohner hatte sie bei einer seiner zahlreichen Radtouren über die Karibikinsel kennengelernt. Inés war 32 Jahre alt, Mutter eines sechsjährigen Jungen. In Santiago, ein bei Touristen beliebtes Kolonialstädtchen im kubanischen Oriente, arbeitete sie gelegentlich als Fremdenführerin, weil sie ein wenig Deutsch konnte. In den Achtzigern hatte sie vier Jahre lang im Rahmen der sozialistischen Völkerfreundschaft in einem volkseigenen Betrieb der Kleinstadt Schmalkalden in Thüringen gearbeitet. An diese goldene Zeit fühlte sie sich offensichtlich erinnert, als sie auf Kuba meinen Mitbewohner traf. So gerne würde sie ihre alten Freunde in der ehemaligen DDR wiedersehen, hatte Inés versichert. Zurückgekehrt nach Deutschland, verfasste er ihr ein Einladungsschreiben, ohne welches sie kein Touristenvisum bekommen hätte. Um die Reise bezahlen zu können, hatte sie sich 700 Dollar von einem Onkel geliehen, der in Santiago beste Beziehungen zur staatlichen Treibstoffvergabestelle pflegte und den Keller seines Hauses als informelle Tankstelle nutzte. Das Geld hatte allerdings nur für den Flug gereicht, weshalb Inés bei ihrer Ankunft neben ihrer Reisetasche gerade mal zehn Euro dabei hatte, die sie sich von einem Mitreisenden am Flughafen hatte spendieren lassen. Nicht genug Bares, um die Reise nach Schmalkalden anzutreten. Ohnehin stand ihr der Sinn keineswegs mehr nach einem Besuch in der beschaulichen Fachwerkstadt am Rande des thüringischen Waldes.

Nein, Inés hatte größere Pläne. Plan A war, ihr dreimonatiges Visum dafür zu nutzen, eine Ehe mit einem deutschen Staatsangehörigen zu schließen. Selbstverständlich, so versicherte sie uns, habe sie keine Liebesheirat im Sinn. Die Ehe habe einzig und allein den Zweck, ihren Aufenthalt zu verstetigen und es ihr zu ermöglichen, den Rest ihrer Kleinfamilie nachzuholen. Sie rechnete sich einerseits bei den deutschen Eingeborenen gute Chancen aus. Wie sie nämlich schon nach wenigen Tagen festgestellt hatte, waren die deutschen Frauen zwar gutaussehend und oft auch blond, hatten aber »keine Figur«. Andererseits musste sie nach dem Besuch mehrerer Salsa-Veranstaltungen feststellen, dass die deutschen Männer »sehr zurückhaltend« seien. Nichtsdestotrotz erkundigten wir uns nach den Voraussetzungen für eine binationale Eheschließung und trafen auf ein Bollwerk von behördlichen Hürden: Ehebefähigungs- beziehungsweise Ledigkeitsbescheinigung, Geburtsurkunde und mancher Stolperstein mehr brachten Inés schließlich zu der Überzeugung, dass ihre Heiratspläne einen längeren Atem brauchten und dass nunmehr Plan B zu verfolgen sei.

Plan B bestand darin, nichts unversucht zu lassen, um dem dreimonatigen Aufenthalt monetären Nutzwert abzuringen. Schließlich musste sie ihrem Onkel seine Dollars zurückzahlen. Und überhaupt wollte sie keinesfalls mit leeren Händen in ihre karibische Heimat zurückkehren. Hamburg, das »Tor zur Welt«, wie die alte Hansestadt seit der Eröffnung des Freihafens 1889 heißt, sollte ihr *Profit Center* werden. Zwar erklärten wir ihr wortreich, dass bezahlte Arbeit im Kapitalismus ein knappes Gut ist, aber das war für Inés nur graue Theorie. Im kubanischen Realsozialismus, so ihre Erfahrung, musste man sich nicht anstrengen, um Arbeit zu finden. Und anstrengend war die Arbeit oft auch nicht. Umgekehrt konnte man mit den so erworbenen Pesos auch wenig kaufen. Ergo, so folgerte sie, müsse man sich im Kapitalismus eben einfach ein wenig mehr anstrengen, was sie gerne auf sich nehmen wollte. Schließlich war sie nach Deutschland gekommen, um zu »triumphieren«, wie sie sagte.

Nach zwei Wochen erfolgloser Jobsuche als freiberufliche Putzkraft kamen wir zu dem Schluss, dass es an der Zeit wäre, das Konzept zu ändern. Wir schenkten Inés zwei Umzugskisten mit alten Schallplatten und organisierten ein paar Säcke abgelegter Klamotten aus den Speichern befreundeter Wohngemeinschaften. Samstags und sonntags fuhren wir frühmorgens mit der Ware und einem Tapeziertisch zu einem der zahlreichen Flohmärkte im Hamburger Stadtgebiet. Diese Form der Schattenwirtschaft klappte besser. Die seichten Chachacha-LPs unter unseren Schallplatten gingen zu guten Preisen über den Tapeziertisch. Die Platten-Spürnasen glaubten nämlich, dass es sich um gesuchte Sammlerstücke handele, von einer authentischen Kubanerin ahnungslos auf den deutschen Markt geworfen. Und beim Kleidungsverkauf entpuppte sich Inés als Beratungstalent. Unermüdlich nutzte sie die ihr zur Verfügung stehenden hundert Worte Deutsch, damit die Kopftuchträgerinnen, die sich an ihrem Wühltisch zu schaffen machten, diesen nicht ohne ein passendes Teil verließen. Mit einer Gruppe von Ecuadorianern, die sie auf den Flohmärkten kennenlernte, entwickelte sich ein reger Austausch. Sie sprachen kaum Deutsch, lebten ohne Aufenthaltserlaubnis in Deutschland und verhielten sich dementsprechend vorsichtig und verschüchtert. Inés mit ihrer resoluten kubanischen Art und ihren etwas besseren Sprachkenntnissen mauserte sich zum beliebten Alphatier der Flohmarkt-Connection. Die Ecuadorianer gaben ihr wertvolle Tipps, wie man sich möglichst preisgünstig durch die Stadt schlägt.

Um ihr die Schamlosigkeit der kapitalistischen Konsumwelt vor Augen zu führen, besuchten wir auch die Topadressen der Hamburger Innenstadt, den Neuen Wall etwa, mit seinen Flagship-Stores und seinen exklusiven Einrichtungshäusern. Doch die astronomischen Preise riefen bei ihr höchstens Belustigung hervor: Wer wäre wohl so umnachtet, sich Prada-Turnschuhe für mehrere hundert Euro zu kaufen, wenn es ein paar S-Bahn-

Haltestellen weiter brauchbare und modisch designte Exemplare für ein Zehntel des Preises gibt? Ihren lebensweltlichen Mittelpunkt fand sie in der Großen Bergstraße im Hamburger Stadtteil Altona-Altstadt. Hier gab es das billigste Internet-Café, die günstigsten Hähnchenbeine und vor allem jede Menge preiswerte Wühltisch-Ware. Für den westeuropäischen Mittelständler billiger Tand, aus der Perspektive der kubanischen Mangelwirtschaft gesuchter Stoff. Allen unseren Tiraden über Neoliberalismus zum Trotz schmiedete sich Inés ihre eigene Theorie über die Marktwirtschaft. Im Kapitalismus, pflegte sie zu sagen, gibt es zwar sehr teure Geschäfte, aber eben auch sehr billige. Die Woolworth-Filiale mit ihren zahlreichen Wühltischen, der Asia-Elektronik-Shop oder die Sonderposten-Etage am Goetheplatz bildeten die Grundlage des Import-Geschäftes, das sie zu planen begann. Sie investierte die Einnahmen aus den Flohmarktverkäufen in modische Slips, Sonnenbrillen, Hot Pants und T-Shirts zu Preisen ab 1 Euro. In Santiago de Cuba, versicherte sie glaubwürdig, könne man diese Ware für ein Vielfaches des Einkaufspreises losschlagen. Auch jenseits der Schnäppchenpreise hatte die angejahrte Einkaufsmeile in Altona für unsere kubanische Kleinunternehmerin eine Menge Standortvorteile. Sie konnte sie in zehn Minuten zu Fuß erreichen, hatte von dort aus beste Bus- und S-Bahnverbindungen in die anderen Teile der Stadt. Und nicht zuletzt fungierten der Callshop, der Gemüsetürke und die Stoffstände auf dem Wochenmarkt wie ein Jobcenter, was ihr zuguterletzt doch noch den ein oder anderen Putzjob einbrachte.

Hätte man Inés in eine Runde von Stadtplanern und Lokalpolitikern gesetzt, ihre Liebe zur Großen Bergstraße wäre auf Unverständnis gestoßen. Denn aus offizieller politischer Sicht befindet sich die älteste Fußgängerzone der Stadt in einer Abwärtsspirale. Ein von der Stadtentwicklungsbehörde beauftragtes Forschungsinstitut lässt kaum ein gutes Haar an ihr. Den vorhandenen »Grün- und Freiflächen« fehle es an »Aufenthaltsqualität«. Hier kommen den Gutachtern Bereiche »unbelebt und ungastlich« vor, dort wirkt »die Bebauung ungeordnet und wenig attraktiv«, und so geht es in einem fort. Schlechte Noten bekommt insbesondere der sogenannte Frappant-Komplex, bis 2003 unter anderem Standort eines Karstadt-Kaufhauses. Den Experten gilt der Betonkoloss, Anfang der Siebziger von Neckermann als mondäne Einkaufs- und Gastrowelt erbaut, als »Symbol des Niedergangs«. Ein Foto zeigt die rissige Rampe zum Parkhaus des Frappant, es trägt die Bildunterschrift »unattraktives Parkplatzangebot«. Ein anderes Bild von einem überfüllten Altpapiercontainer belegt, dass die »Vermüllung im Untersuchungsgebiet zum negativen Gesamteindruck« beiträgt. Insgesamt ergibt die Analyse, »dass das Untersuchungsgebiet derzeit nicht mehr die Funktion eines Bezirkszentrums sowie eines wichtigen Zentrums für das öffentliche, wirtschaftliche, soziale und kulturelle Leben einnimmt«[1].

Wer an einem sonnigen Samstag in der geschmähten Fußgängerzone von Altona-Altstadt flaniert, muss sich fragen, wo sich die Gutachter herumgetrieben haben. Die Bänke der Bäckereikette in der Fußgängerzone sind voll besetzt, in den Discount-Läden drängeln sich die Menschen, der Wochenmarkt ist gut frequentiert und in den Sonderangeboten vor Woolworth wird eifrig herumgewühlt. Vor der Eisdiele Filippi sitzen Hausfrauen beim Eiskaffee, türkische Kids spielen Fußball, und vor dem Netto-Supermarkt singen ein paar Schäferhund-Punks fröhliche Lieder.

Fußgängerzonen wie diese finden sich überall in der Republik. Sie gewinnen keine Stadtgestaltungs-Wettbewerbe. Es sind typische Stadtteil-Einkaufsstraßen, in denen der Lack von den Bänken bröckelt und auch mal eine Bierflasche im Blumenkübel landet. Wieso ist das »öffentliche, wirtschaftliche, soziale und kulturelle Leben« hier funktionsgestört? Was ist so schwer hinnehmbar daran, dass es im innerstädtischen Bereich einer großen westdeutschen Metropole eine etwas grau gewordene Sonderposten-Einkaufsstraße gibt, in der sich Hartz-IV-Empfänger, Rentner oder Kopftuchträgerinnen noch Butterkuchen mit Kaffee satt leisten können? Um die Große Bergstraße und den maroden Frappant-Komplex wuchert seit Jahren ein öffentlicher Schandfleck-Diskurs, auf welchen von der *tageszeitung* (»Letzte Hoffnung Abbruch«) bis zur *Bild*-Zeitung (»Altonas Große Bergstraße stirbt«) alle Hamburger Medien eingestiegen sind. Warum die Stadtplaner dem Gebiet rund um die Große Bergstraße »Anzeichen eines problematischen Stadtquartiers« attestieren, verschweigen sie nicht: »Insgesamt liegt

im Stadtteil eine verminderte Kaufkraft vor.« Das Lamento über
»Mängel in der Stadtgestalt« oder »unattraktive Wegeverbin-
dungen« schnurrt sich auf ein nüchternes Fazit zusammen: »Der
Funktionsverlust insbesondere der Großen Bergstraße manifes-
tiert sich in einer anhaltend sinkenden Kaufkraftbindung.«[2]
Oder anders gesagt: Es kann noch so viel auf der Straße los sein
– wenn die Passanten keine Umsatzbringer sind, liegt eine
Störung vor.

Solche Niedergangs-Szenarien und Schandfleck-Diskurse
sind die Begleitmusik für die Erschaffung von innerstädtischen
Shopping-Welten – eine der zentralen Angriffspunkte des Immobilienmarktes. Seit 1990 haben sich die Verkaufsflächen in
den Stadtzentren nahezu verdoppelt. Große Konsortien wie die
Hamburger »Einkaufs-Center-Entwicklungsgesellschaft« (ECE)
oder die Essener »Management für Immobilien AG« (mfi) errichten überall in der Republik riesige Shopping-Galerien und
Einkaufs-Arkaden. Wettergeschützt und vom Bodenbelag bis
zu den Grünpflanzen, den Springbrunnen und der unaufdring-
lichen Hintergrundmusik vollständig durchgestaltet, konkurrieren sie als überdachte Oasen mit einem Stadtraum, den die öffentliche Hand nicht mehr zu gestalten bereit oder in der Lage
ist. Während die Shopping-Center von der grünen Wiese in die
Innenstädte wandern, verfallen öffentliche Plätze und Fußgängerzonen, gebaut in den wohlfahrtsstaatlichen fünfziger bis siebziger Jahren – zumal an den Rändern der Städte, wo sie große
soziale Wohnungsbauprojekte rahmen. Weil sie mit den Malls
nicht konkurrieren können, suchen Grundeigentümer und Einzelhändler ihr Heil in der Verwandlung ihrer Einkaufsstraßen in
»Business Improvement Districts« (BID) – ein Instrument zur
Teilprivatisierung des öffentlichen Raumes, das Hamburg 2005
als erstes Bundesland in Deutschland eingeführt hat. »Malls
without walls« nennt man die BIDs im anglosächsischen Raum
zu Recht, denn sie übertragen das Mall-Modell auf die Straße.
Einkaufsstraßen bekommen ein zentrales Management, private
Security-Dienste und Putzkolonnen sorgen für Sicherheit und
Sauberkeit, eine einheitliche Straßenmöblierung schafft kon-
sumfördernde »Aufenthaltsqualität« und der »Branchenmix«
folgt einem »Leitbild«, sprich: Billiganbieter und Resterampen
sollen verschwinden. Draußen sollen damit auch alle die blei-

ben – und das ist die bittere Konsequenz der Privatisierung öffentlichen Raumes –, die zum Shopping-Geschehen nichts beizutragen haben oder es gar störend beeinflussen könnten: Obdachlose, Bettler, Skateboardfahrer, Punks oder einfach Jugendliche, die in der Fußgängerzone abhängen. Überwachungskameras, der Austausch von Parkbänken durch Sitzschalen, auf denen man nicht liegen kann, oder das Anbringen von sogenannten »Skatestoppern« an Treppen, Geländern und Brunnen stellen klar, wer nicht zur Zielgruppe gehört.

Auch unsere kubanische Bekannte Inés dürfte nicht zur Zielgruppe eines Business Improvement Districts gehören. Zwar verhielt sie sich während ihres gesamten Hamburg-Aufenthaltes durch und durch geschäftssinnig. Aber ihre Vorliebe galt eben Billigtextilien und Made-in-China-Modeschmuck – also den Insignien der kaufkraftmäßigen Deklassierung einer städtischen Einkaufszone.

Als sie uns nach drei Monaten verließ, trug sie sieben Röcke und fünf Sweatshirts übereinander und zog zwei prall gefüllte Koffer hinter sich her, deren Inhalt sie samt und sonders aus den Resterampen und 1-Euro-Shops der Großen Bergstraße bezogen hatte. Auf dem Weg zum Flughafen fühlte sie sich wie eine Königin. Sie hatte es geschafft. Ihr Businessplan hatte sich am Ende einigermaßen zurechtgeschaukelt. Das vom Onkel geliehene Geld war knapp zusammengekommen. Und mit dem Verkauf der Discount-Ware würde sie auf Kuba einen guten Schnitt machen. Genug, um ihrer Familie einen Farbfernseher zu finanzieren. Ohnehin gehörte Fernsehen während ihrer freien Stunden zu ihren Lieblingsbeschäftigungen. Insbesondere eine VHS-Kassette mit der Aufschrift »Die Salsa-Prinzessin«, die sie in einer Umzugskiste entdeckt hatte, fand häufig den Weg in den Player. Die Tanzszenen konnte sie bald perfekt nachtanzen. Und die Welt des »Großen TV-Romans«, eine RTL-Produktion aus dem Jahre 2000, entsprach so ziemlich genau dem, wie sie sich das Leben in einer reichen, westlichen Metropole erträumt hatte: schöne, junge Menschen aus aller Herren Länder, berauscht vom Feuer afrokaribischer Rhythmen, die sich abends in pastellfarbenen Outfits durch saubere, hell erleuchtete Aerobic-Studios tanzen und tagsüber als Krankenschwestern oder Verkäufer an sauberen, hell erleuchteten

Arbeitsplätzen ihr Geld verdienen. Dass sie diese Traumwelt draußen vor der Tür nicht antraf, war ihr kein Grund zur Klage. Schließlich sah der heimische Alltag auch nicht so aus wie die Welt der kubanischen Telenovelas. Ihr Hamburg waren nicht die sauber gefegten Caffè-Latte-Oasen mit Alster- oder Elbblick, ihr Hamburg waren die informellen Zwischenzonen, in denen sich auch Stadtbewohner ohne sozialversicherungspflichtigen Arbeitsplatz durchschlagen können.

Diese Nischen gehören seit jeher zur städtischen Realität – in gewisser Weise begründen sie sogar die Kultur des Urbanen: dass Menschen jedweder Herkunft und Anschauung in die Stadt eintauchen und in ihr untertauchen können, dass sie als »Fremde« Teil der Stadt werden, dass die Stadt ihre Unterschiedlichkeit produktiv macht. Der US-Soziologe Louis Wirth definiert 1938 die Stadt als »eine relativ große, dicht besiedelte und dauerhafte Niederlassung gesellschaftlich heterogener Individuen«[3]. Von Georg Simmel, der 1903 mit seinem Aufsatz »Die Großstädte und das Geistesleben« die moderne Stadtsoziologie begründet, bis zu dem französischen Philosophen Henri Lefèbvre, der 1968 den Begriff »Recht auf Stadt« prägt: Alle beziehen sich auf diese verdichtete Unterschiedlichkeit als Wesensmerkmal des Städtischen.

Die postkolonialen Megacitys des globalen Südens mit ihren *Gated Communities* für die oberen Schichten und den informellen Barrios, Favelas, Townships, Slums und Shantytowns, in denen die arme Bevölkerungsmehrheit lebt, die US-Großstädte mit ihren ausfernden weißen Mittelschichts-Vorstädten und ethnisch ghettoisierten Innenstadtgebieten: Solche Formen der sozialen Segregation gelten im wohlfahrtsstaatlichen Europa der Nachkriegszeit als undenkbar. Die Soziologen Andreas Kapphan und Hartmut Häußermann sprechen von einem politischen »Modell der europäischen Stadt«, zu dem gehört, dass »sich die vorhandenen sozialen Gegensätze nicht in einer räumlichen Fragmentierung verfestigten«[4].

Heute ist die Segregation der Städte das bestimmende Thema kritischer Stadtforschung im europäischen Kontext. Dass sich vor allem in den Großsiedlungen an den Stadträndern »räumlich eingegrenzte Milieus« von »Armen, Ausländern und Arbeitslosen«[5] gebildet haben, ist längst ein Gemeinplatz –

und ein gängiges Medienthema. Die Meldungen, Reportagen und Dossiers über das »abgehängte Prekariat«[6], über bildungsferne Schichten und die Tragödien verwahrloster Kinder häufen sich. Doch so deutlich auch der Rückzug des Wohlfahrtsstaates und die räumliche Marginalisierung als zentrale Aspekte der sozialen Katastrophen benannt und erkannt sind, so wenig ist man bereit, die fälligen Konsequenzen zu ziehen. Nicht Maßnahmen zur Verbesserung der Lebens- und Wohnverhältnisse der Prekarisierten sind angezeigt, sondern Maßnahmen zur Gentrifizierung ihrer Viertel. Statt die Teile der Stadt wieder zugänglicher zu machen, in denen es sich gut leben lässt – durch sozialen Wohnungsbau und Mietbegrenzungsmaßnahmen –, arbeitet man daran, die »schlechten« Stadtteile aufzuwerten. So schlägt etwa das Hamburger »Rahmenprogramm Integrierte Stadtteilentwicklung« für »benachteiligte« Stadtteile die »Ansiedlung neuer Bewohnergruppen zur Steigerung der sozialen Durchmischung in attraktiven bestandsergänzenden Neubauten«[7] vor.

Diese Interpretation sozialer Problemlagen steht für einen politischen Paradigmenwechsel. Auf den Umstand, dass »Markteffekte zur sozialen Entmischung beitragen«[8], sprich: dass der Immobilienmarkt die Stadt in arme, sozial abgehängte und wohlhabende Bereiche sortiert, reagieren städtische Politiker nicht mehr sozialdemokratisch, also mit Regularien und öffentlichen Baumaßnahmen, die gegensteuern. Stattdessen lautet die Diagnose, dass die Gebiete, in denen sich die Armen, die Bildungsfernen und Prekarisierten ballen, nicht marktfähig genug sind. So wird Gentrifizierung zur Generallinie: als Erfolgsstory, die man überall dort zu implementieren versucht, wo sich soziale Problemzonen gebildet haben. Nicht die Armut, die Armen sind in dieser Logik das Problem. Denn so unschuldig die Forderung nach »Aufwertung« und »Belebung« auch daherkommen mag – de facto ist sie das Bekenntnis der öffentlichen Hand, die Initiative dem Immobilienmarkt zu überlassen. Und dessen Gesetzen folgend sind Investitionen nur erfolgversprechend, wenn sich die Insignien sozialer Randständigkeit zurückdrängen lassen. Die Eckkneipen mit den vergilbten Gardinen, die Callshops und die Dönerbuden, die Spielhallen und Asia-Elektronikhöker, die Billigflohmärkte und Billardhallen:

Das prekäre Habitat muss verschwinden. Und mit ihm das Milieu, das es besiedelt. Zonen wie die Große Bergstraße in Hamburg-Altona müssen sich häuten, ihre informellen Bereiche abstreifen, um als möglichst lückenlos renditebringendes Portfolio wiederauferstehen zu können.

Kapitel 2
»Wir können gar nicht anders.«
Interview mit Christoph Schäfer über die Frage,
warum die Stadt eine Fabrik ist.

In deinem Buch Die Stadt ist unsere Fabrik *gibt es eine Zeichnung vom römischen Amphitheater von Arles, dessen Innenraum im Mittelalter besiedelt wurde. Man sieht die großzügige römische Konstruktion – ein Theater, das 25 000 Menschen fasste. Und darin steht eine dichte, urbane Bebauung.*
Die Zeichnung zeigt ein Monument, das der Staat errichtet hat und das die Stadt wieder zerlegt – indem sie Orte darin schafft, Verdichtungen. Durch den Umbau zur Stadt und zur Festung drehen die Stadtbewohner das Monument in seiner Funktion und Ausrichtung um. Die Arena erlebt zur Zeit eine Renaissance, weil es heute wieder heißt: Das Volk braucht Brot und Spiele. Deshalb gefällt mir das Bild, weil man es wie einen Umbau lesen kann, der das heutige Eventparadigma unterläuft.

Es ist also ein Bild, das Verstädterung als Aneignung zeigt.
Genau. Die römische Zivilisation mit ihren monumentalen Beeindruckungs-Strukturen wird ja bis heute als positiver histori-

scher Bezugspunkt für die europäische Stadt dargestellt. Der italienische Architekturhistoriker Leonardo Benevolo beschreibt in seinem Buch *Die Geschichte der Stadt* den Zustand der römischen Ruinen vor dem Faschismus. Das Kolosseum, die Stadien und Paläste waren bis in die Zwanzigerjahre belebt und bewohnt. In populärwissenschaftlichen Geschichtsbüchern wird diese Aneignung oft als bemitleidenswerter Zustand und zivilisatorischer Rückschritt des Mittelalters dargestellt: kulturlose Deppen, die mit den tollen Sachen, die man ihnen hingestellt hat, nichts mehr anfangen können. Und der Faschismus, der sich selbst mythisch herleitet aus dem römischen Imperium, musste die Ruinen freistellen. So funktioniert eben Mythisierung, die Ästhetik des Erhabenen – das genaue Gegenteil von Aktualisierung und Umnutzung, wie sie sich aus der Verstädterung ergibt. In der Auseinandersetzung mit der Stadt bringt die politische Macht einen Diskurs der Diffamierung des Alltagslebens in Stellung – gegen das Städtische, das Unterschiedliche, schwer Überschaubare.

Für den französischen Soziologen Henri Lefèbvre, auf den du dich in deiner Arbeit immer wieder beziehst, ist Stadt »verdichtete Unterschiedlichkeit«.
Die Erfahrung der Verdichtung von Unterschiedlichkeiten ist eine, die man eben vor allem in Bereichen von Städten machen kann, die der Kontrolle der Mächte der Gegenwart entglitten sind. Lefèbvre hat das im Paris der Fünfziger erlebt, während seiner Streifzüge mit Guy Debord, einer der Gründer der »Situationistischen Internationale«. Er wandte sich mit dem Begriff der »verdichteten Unterschiedlichkeit« vor allem gegen den Urbanismus der Charta von Athen, einer Agenda für den modernen Städtebau, 1941 von Le Corbusier veröffentlicht und prägend für die Stadtplanung der Nachkriegszeit. Der fortschrittliche Anteil der Charta war die Forderung, jeder müsse genügend Licht, Luft und Raum haben. Gleichzeitig plädierte man für die räumliche Trennung der Funktionsbereiche Arbeiten, Wohnen und Einkaufen. So entstanden die autogerechte Stadt und die Schlafstädte an den Rändern mit ihrem öden Abstandsgrün – also die Reduzierung des städtischen Lebens auf Arbeit, Freizeit und Verkehr.

Allerdings setzt Lefèbvre der Charta von Athen kein Alternativ-
modell entgegen, sondern kontert mit dem Argument, dass die-
se funktionale Stadt dem Begriff des Urbanen widerspricht, also
im Grunde nicht funktionieren kann.
Lefèbvres Vorstellung oszilliert zwischen dem Alltag, aus dem
heraus die Revolution ihre Richtung entwickelt, und dem Ima-
ginären – der Überschreitung des Funktionalen. Er spricht davon, dass wir uns auf einer Achse von null bis hundert Prozent
Verstädterung befinden. Auf dieser Achse sieht er immer wieder Krisenzonen – und eine der Krisenzonen ist die Industrie-
stadt, in der die Stadt nur der Fabrik dient. Sie muss die Arbeiter der Fabrik zuführen und die Erholung von der Fabrik
ermöglichen – ein sehr reduktiver Begriff von Stadt also.

Du sprichst demgegenüber von der Stadt selbst als Fabrik. Was
bedeutet das?
Mit dem Verschwinden der Industrieproduktion aus dem städtischen Raum bekommen die Städte als Ort der Produktion von
Leidenschaften, Netzwerken, Wissen etcetera eine immer stär-
kere Bedeutung. Mehr und mehr Leuten fällt auf, dass es in der
Stadt Gegenden gibt, die intelligenter, erfinderischer sind – und
die anders funktionieren als die Stadt der fixierten Funktionsbereiche, die man früher angestrebt hat. Sie funktionieren wie
eine Plattform. Das Café ist nicht mehr nur der Ort, in dem man
Kaffee trinkt und Freunde trifft. Sondern ein Ort, wo Bedeu-
tungen und Kontakte getauscht, Lebensstile geprägt werden.
Die Subkulturen, die bohemistischen Szenen haben dabei den
Takt vorgegeben, aber inzwischen hat man gemerkt, dass das
weit darüber hinaus produktiv ist. Eine postfordistische Ökonomie braucht solche vernetzten Stadtteile. Das Paradigma der
Plattform hat sozusagen das Paradigma des Werks abgelöst.

Aber es gibt doch auch immer noch den großen Anteil derer, für
die die Stadt keine Fabrik ist, weil sie in einer echten Fabrik
arbeiten gehen und im Wohnsilo in der Vorstadt wohnen. Oder,
wenn sie zum oberen Mittelstand gehören, in Eigenheim-Sied-
lungen mit Vorgärten und Garagen.
Selbst wenn es nur eine Minderheit der Stadtbewohner wäre, in
deren Leben das Plattform-Paradigma eine entscheidende Rol-

le spielt, so fängt die Welt ab diesem Zeitpunkt doch an, anders zu ticken. Die urbane Plattform ist die Leitwährung, die vorgibt, wie die anderen Bereiche umstrukturiert werden. In der Fabrik von heute werden die alten Befehlsketten auch abgelöst von Vernetzungsprozessen. Ich habe mal eine Getriebefabrik im Süddeutschen besucht – dort schreiben auch nicht mehr die Maschinen und Meister den Arbeitern ihre Tätigkeiten vor. Stattdessen übernehmen die Arbeiter eine große Bandbreite an Tätigkeiten. Sie organisieren ihre Arbeitsplätze, müssen Ingenieurspläne lesen, Computer und Roboter programmieren für größere Serien, dann wieder klassische Fräsarbeiten an vierzig Jahre alten Maschinen machen, mit den Mitarbeitern kommunizieren und Feedback geben. Bis in die siebziger Jahre hatte der Fordismus die Leitfunktion, was dazu geführt hat, dass schließlich auch die Landwirtschaft funktioniert hat wie fordistische Industrieproduktion. Und heute sind wir auf dem Weg zu einer Fabrik, die wie eine verstädterte Netzwerk-Ökonomie funktioniert. Die Fabrik fängt an, sich zu verstädtern.

Daher auch der Hass auf Großsiedlungen der alten, funktional strukturierten Stadt?
Für diesen Hass sind, glaube ich, auch die gescheiterten Versprechen eines Wohlstands für alle verantwortlich. Erstaunlich ist doch, dass sich in der Stadtplanung immer wieder der Mittelschichtsgeschmack durchsetzt. Auf Seiten der entscheidenden politischen und ökonomischen Instanzen hält man alles, was nach geordnetem Mittelstandsquartier aussieht, immer für eine Verbesserung. Es gibt diesen Hass auf das Proletariat, auf seine Materialien, seine Drastik. Da gilt immer der Ökoladen als Synonym für Verbesserung. Aber warum sollten nicht auch Trabantenstädte als Plattform funktionieren können? Die Leute müssen die Produktionsmittel in die Hand bekommen – und die Mikrofone. Nehmen wir unser Projekt »Park Fiction«, wo Anwohner auf St. Pauli die Verriegelung des Elbblicks verhindert und dann in einem Prozess der Wunschproduktion kollektiv Pläne für einen Park gemacht haben, der dann auch gebaut wurde. Warum sollte das nicht auch in Mümmelmannsberg oder in der Berliner Gropiusstadt oder auf dem Münchner Hasenbergl funktionieren? Warum sollen diese Stadtteile sich

nicht umbauen und neu erfinden? Um dort öffentliche Räume, Räume zum Austausch möglich zu machen, muss die Gesellschaft allerdings etwas reinstecken.

Mir fällt ein Fall aus Venezuela ein: Mitte der Fünfziger ließ der damalige Diktator Pérez Jiménez in Caracas nach dem Vorbild von Le Corbusiers »Wohneinheiten« achtzig riesige Hochhausblöcke errichten, die die Slums ersetzen sollten, die sich auf den Hügeln oberhalb des Präsidentenpalastes entwickelt hatten. Beim Sturz von Pérez Jiménez am 23. Januar 1958 besetzten die Bewohner die Hochhäuser und nannten das Viertel »23 de Enero« nach dem Datum des Aufstands. Die Wohnblöcke, die von Staatsseite Monumente einer neuen, funktionalen Stadt sein sollten, sind heute selbst organisierte Festungen des Informellen – einige unter Kontrolle der Drogenmafia, die Mehrheit allerdings von linken Stadtteilgruppen organisiert. Und um die Blöcke herum sind auch wieder kleinteilige Ziegelhäuser-Barrios entstanden.

Gerade weil solche Megastrukturen den Eindruck erwecken, als könne man sie sich nicht aneignen, ist es so spannend, wenn es dann doch funktioniert. Benjamin hat in seinem *Passagen-Werk* gesagt, dass in dem Moment, wo die Passage scheitert, das Versprechen der untergehenden Epoche wieder sichtbar wird. Das Versprechen eines besseren Lebens scheint wieder auf, wenn sich das Kapital zurückzieht. Etwas Ähnliches haben wir hier in Hamburg im Falle der Frappant-Besetzung erlebt: In dem Moment, wo sich das Kapital von diesem Beton-Koloss verabschiedet, wird er für eine kleine, avantgardistische Szene zum Traumhaus, zum Versprechen auf Öffentlichkeit im Sinne von 1968, also von Teilhabe aller an allem.

Wenn ich die These von der Stadt als Fabrik richtig verstanden habe, gibt es da auch ein utopisches Moment: das einer Stadt von unten. Also die Idee, dass diese Fabrik »uns« gehören kann, weil »wir« sie uns aneignen. Der Prozess der Gentrifizierung ist dagegen eine schleichende Enteignung: Aus einem Milieu vieler wird ein Produkt weniger. In einer deiner Zeichnungen setzt du »neue kollektive Räume« gegen das »Unternehmen Stadt«. Wie schaffen es die neuen kollek-

*tiven Räume zu verhindern, dass andere ihren Mehrwert ab-
schöpfen?*
Die Zeichnung entstand für die »Recht auf Stadt«-Konferenz im
Sommer 2009. Um einerseits deutlich zu machen: Erfindungen
werden durch Gebrauch bestätigt und wertvoll. Und diesen
Wert schöpft im Kapitalismus immer jemand ab. Aber auf dem
schlüpfrigen Gelände des Postfordismus findet man kaum noch
Halt, um sich dagegen zu wehren. Wir entwickelten deshalb die
Idee, die »Wachsende Stadt« mit Projekten zu »umstellen« –
und das gelingt in Hamburg zur Zeit unglaublich gut. Das
Gängeviertel und viele andere Projekte, die sich im Recht-
auf-Stadt-Netzwerk zusammengefunden haben, sind Versatz-
stücke, Umrisse einer Vision, wie ein Post-Krisen-Urbanisie-
rungsmodell aussehen könnte. Diese Frage wird uns begleiten
– spätestens in der nächsten Krise wird sie uns Bewohnern einer verstädterten Gesellschaft wieder auf die Füße fallen.

Im Begriff der Aneignung ist ein utopisches Moment, aber
die neoliberale Stadt hat umgekehrt auch einen Zwangscharak-
ter: die totale Inanspruchnahme deiner Leidenschaften, deiner
Freundschaften – das drückt der Slogan »Die Stadt ist unsere
Fabrik« genau so aus. Nehmen wir das Beispiel Delhi: Wenn
dort im innerstädtischen Bereich eine irreguläre Siedlung abgerissen wird, bekommen manche Einwohner am Stadtrand einen Bauplatz als Ersatz angeboten. Inzwischen ist der Rand
aber so weit weg, dass die Leute Stunden auf dem Weg zur Arbeit verbringen würden, und obendrein ihr Lohn oftmals schon
für das Busticket draufgeht – falls einer fährt. Die Leute sind
existenziell darauf angewiesen, in der Stadt zu bleiben, weil sie
nur so angeschlossen sind, z. B. an das Handwerker- oder Händ-
ler- oder Kunden-Netzwerk, von dem sie leben. »Die Stadt ist
unsere Fabrik« bedeutet auch: Wir können gar nicht anders.

*Christoph Schäfer, Jahrgang 1964, lebt und arbeitet in Hamburg. Als Künstler und politi-
scher Aktivist wirkt er u.a. bei Park Fiction, einem Kollektiv auf Hamburg St. Pauli, das
gegen die städtischen Bebauungspläne am Hafenrand seit Mitte der Neunziger einen von
unten geplanten Park durchgesetzt hat. Er ist aktiv bei »Es regnet Kaviar – Aktionsnetzwerk gegen Gentrifizierung« und in der Initiative »No BNQ«, die gegen den Bau eines Eigentumswohnungs-Quartiers in der Bernhard-Nocht-Straße und für »eine andere
Stadtentwicklung«[9] auf St. Pauli streitet. Zuletzt ist im Frühjahr 2010 sein Buch bzw. Bild-
band Die Stadt ist unsere Fabrik[10] erschienen.*

Kapitel 3
Vom Unternehmen Stadt zur Image City

In den fünfziger bis siebziger Jahren gehört es zum wohlfahrtsstaatlichen Modell, eine »Stadt für alle« zu schaffen, die
sich auch Menschen mit kleinen Einkommen leisten können
sollen. Zwischen 1949 und 1973 baut man in Deutschland rund
zwölfeinhalb Millionen neue Wohnungen – dank der in den
Fünfzigern erlassenen Wohnungsbaugesetze sind etwa die Hälfte davon Sozialwohnungen. In den zerbombten Brachen, die
der Zweite Weltkrieg hinterlassen hat, aber auch an den Rändern der Städte schaffen die Wohnungsbaugesellschaften günstigen Wohnraum en gros, der nichts mehr mit der verdichteten,
unübersichtlichen Stadt vergangener Jahrunderte zu tun haben
soll. Das Ideal der Stadtplanung ist die vom Bauhaus-Archi-
tekten Le Corbusier in der Charta von Athen entworfene »funk-

tionale Stadt«. Zeilenbau statt geschlossener Blockrandbebau-
ung, Grünzüge, Einkaufsstraßen und -zentren, Bürostädte und
Gewerbeparks: Die in der industriellen Revolution entstandene
Verflechtung von Arbeiten, Wohnen und Freizeit soll einer »au-
togerechten« Stadt weichen, in der man auf breiten, mehrspu-
rigen Straßen komfortabel zwischen den Funktionsbereichen
pendeln kann. Großsiedlungen wie die Gropiusstadt (1962)
in Berlin, Hasenbergl (1960) und Neuperlach (1967) in München oder Osdorfer Born (1967), Steilshoop (1969), Mümmelmannsberg (1970) und Kirchdorf-Süd (1974) in Hamburg machen die Peripherie zu Trabantenstädten.

Ab den sechziger Jahren ergreift die Suburbanisierung die
oberen Mittelschichten: Wer es sich leisten kann, baut am Stadtrand oder jenseits davon ein Einfamilienhaus mit Garten. In
Berlin, Frankfurt, Hamburg – überall gibt es Pläne, verfallende
Altbauviertel in der Innenstadt durch moderne Wohn- und
Büroviertel zu ersetzen. In Hamburg sind es ausgerechnet die
heutigen Szeneviertel, denen man zu Leibe rücken will. Den
Stadtteil St. Georg – heute ein hochpreisiges Trendwohngebiet
– will die gewerkschaftseigene »Neue Heimat« bis auf zwei
Kirchen abreißen – zugunsten von pyramidenartigen, riesen-
haften Hochhaus-Wohntürmen, die Platz für rund zwanzigtau-
send Mieter bieten sollen. Doch aus dem bis zu 200 Meter hohen »Alsterzentrum« wird nichts. Auch die Pläne für eine
Bürostadt namens »City West«, die im heute geradezu ideal-
typisch durchgentrifizierten Ottensen entstehen soll, scheitern
–nicht zuletzt am Widerstand der Bevölkerung. Das Karoli-
nenviertel will die Stadt für eine Messeerweiterung abreißen,
St. Pauli soll mit bis zu fünfzehngeschossigen Wohntürmen
bebaut werden. Bis weit in die siebziger Jahre hegen die Stadtplaner megalomane Vernichtungsfantasien gegenüber dem Alt-
baubestand der inneren Stadt, den die Bombennächte des Zweiten Weltkriegs übrig gelassen haben. Bisweilen kommen die
Pläne von Architekten, die in den vierziger Jahren die »Groß-
Hamburg«-Vision der Nazis umsetzen sollten. Obwohl die
meisten dieser Großprojekte in den Schubladen verschwinden,
bemüht sich Hamburg nach Kräften, ihrem Ruf als »Freie und
Abrissstadt« gerecht zu werden. Noch Anfang der achtziger
Jahre will man im Zuge einer Innenstadtsanierung etwa dreißig

Prozent des alten Bestands abreißen. Häufig sind es migrantische Familien, Studierende, Menschen auf der Suche nach alternativen Lebensformen oder Künstler, die in jene maroden Altbauten ziehen, die das Bürgertum zugunsten eines Eigenheims im Speckgürtel verlassen hat – und die auch immer weniger die Heimat eines urbanen Proletariats sind. Industriebetriebe und Betriebe des verarbeitenden Gewerbes schließen oder wandern in das Umland oder in Gewerbeparks ländlicher Regionen ab, wo die Bodenpreise und die Arbeitskräfte günstiger sind.

Am 29. November 1983 versammeln sich rund 650 Mitglieder des »Hamburger Überseeclubs« – der erste Herrenclub der Stadt – im Festsaal des Atlantic Hotels an der Alster, um einem Vortrag des Ersten Bürgermeisters Klaus von Dohnanyi beizuwohnen. »Die Stimmung im Saal ist distanziert, selbstbewusst, von herablassender Neugierde«, schreibt die linke *tageszeitung*[11]. Der 55-jährige Sozialdemokrat, Anwalt und ehemalige Leiter der Planungsabteilung in den Ford-Werken wird die anwesende Wirtschaftselite überraschen: Unter dem Titel »Unternehmen Hamburg« fordert er eine »neue Standortpolitik«, die auf den wirtschaftlichen Strukturwandel reagiert.

Vorsichtig, aber in der Sache bestimmt plädiert der sozialdemokratische Bürgermeister dafür, die kommunalen und wohlfahrtsstaatlichen Zielvorgaben städtischer Politik durch eine Strategie der Standort-Konkurrenz zu ergänzen. Hamburg dürfe sich nicht in eine Stadt verwandeln, »in der die sozial Schwächeren zwar ihre Chance haben, aber die sozial Starken, also die Besserverdienenden, das heißt die kräftigeren Steuerzahler, sich abgewiesen fühlen«[12]. Die alte europäische Stadt, die der Sozialforscher Klaus Ronneberger eine »Integrationsmaschine«[13] nennt, soll sich in eine Konkurrenzmaschine verwandeln:

»Der Eckstein der neuen Hamburg-Politik ist die Umorientierung Hamburgs auf die Konkurrenz mit dem Binnenland, mit den Industriezentren des europäischen Kontinents und mit den kontinentalen Wettbewerbern in der Welt. Und dies, meine Damen und Herren, ist nicht nur eine wirtschaftspolitische und nicht nur eine unternehmenspolitische Aufgabe, es ist auch eine

Frage der geistigen Orientierung, die wir für unsere Stadt finden müssen.«

Die Stadt als Standort, der in Konkurrenz mit anderen Standorten steht: Aus heutiger Sicht klingt das wie ein Gemeinplatz. Im Jahre 1983 ist das eine noch ungewohnte politische Umdefinition des Städtischen. Um der Forderung nach einer Abkehr von der wohlfahrtsstaatlichen zur unternehmerischen Stadt Nachdruck zu verleihen, zeichnet Dohnanyi den ökonomischen Strukturwandel in grellen Farben: Seit Beginn der sechziger Jahre habe die Hansestadt 137 000 industrielle Arbeitsplätze – rund 40 Prozent – verloren, mehr als doppelt so viel wie die Bundesrepublik im Durchschnitt. Die Ausgaben der Stadt für Sozialhilfe, so der Erste Bürgermeister, hätte sich in den vergangenen zehn Jahren mehr als vervierfacht. Das »Süd-Nord-Gefälle«, die Teilung Deutschlands nach dem Krieg, die Verlagerung des Transports vom Wasser auf die Straße und in die Luft, der Aufstieg der Schwellenländer – Dohnanyi weiß eine Reihe von Faktoren anzuführen, warum die alte Hansestadt mit ihrem Hafen und den daran anschließenden Industrien und Gewerben einen Bedeutungsverlust erlitten hat.

Dohnanyi liegt im Trend. Es ist die Ära des Thatcherismus und der Reagonomics – der Beginn des neoliberalen Zeitalters. »Es ist unser Job, die Ungleichheit auszukosten und dafür zu sorgen, dass die Talente und Fähigkeiten sich entfalten können – zu unser aller Nutzen«[14] – nach diesem Motto der britischen Premierministerin Margret Thatcher rufen Politiker der westlichen Industriestaaten die Ära der Konkurrenz und der freien Märkte aus. Der Manager, der ein Unternehmen erfolgreich durch das Marktgeschehen führt, wird zum *Role Model* des Politikers. Hamburgs Bürgermeister Klaus von Dohnanyi, so weiß die Zeitschrift *Capital* zu berichten, »deutet im Gespräch gerne seine Geistesverwandtschaft mit den Managern an, wenn er etwa formuliert: ›Ich spreche jetzt mal für das Unternehmen Hamburg.‹«[15] So wie Firmen miteinander um Marktanteile konkurrieren, so sollen nun auch Städte und Regionen konkurrieren. Die Suburbanisierung, der Abbau industrieller Arbeitsplätze und andere Veränderungen, die eine Region stärken und die andere schwächen, die hier zu Steuerverlusten und dort zu Mehreinnahmen führen, hier Leerstand und dort Knappheit auf dem Immobilienmarkt verursachen: Nicht mehr der Ausgleich solcher sozialräumlichen Ungleichheiten soll im Fokus der Politik liegen. Vielmehr gilt nun das neoliberale Dogma von der Ungleichheit als Anreizsystem: Lokale Entwicklungs- und Wirtschaftsstrategien sollen um Investitionen und Unternehmensansiedlungen streiten. Für Hamburg definiert Dohnanyi die Marschrichtung wie folgt:

»Der Einfluss von Wissenschaft und Technik auf die wirtschaftliche Entwicklung wird in den kommenden Jahrzehnten weiter zunehmen. Er wird sich beschleunigen. Und diejenigen Standorte werden in Zukunft die größten Chancen haben, die nicht nur im Bereich von Wissenschaft und Technik überlegen sind, sondern die auch durch Wohnqualität, Freizeitwert und Kultur die größte Anziehungskraft auf diejenigen Menschen ausüben, die Schöpfer der neuen Industrien und Dienstleistungen sind. Denn der Kopf bringt seinen Standort mit.«[15]

Die Stunde des Standortmarketings ist gekommen: Um die Angehörigen der »neuen Intelligenz« zu umwerben, startet Hamburg im Jahre 1985 im Auftrag Dohnanyis eine viereinhalb Millionen Mark schwere Kampagne. Unter dem Claim »Hamburg – Das Hoch im Norden« posieren erfolgreiche Manager und Unternehmer in hanseatischem Ambiente. Die bundesweit geschalteten Anzeigen, so verrät die zuständige Werbeagentur, richten sich an »Unternehmensinhaber, leitende Angestellte, freie Berufe und Selbstständige«[16].

Vom Standpunkt des Lokalpolitikers aus ist die Rechnung simpel: Die alten Industrien verschwinden, die »Schöpfer der neuen Industrien und Dienstleistungen« müssen angelockt werden. Doch was für »Industrien« und »Dienstleistungen« sind das? Was haben sie mit »Wissenschaft und Technik« zu tun? Und nicht zuletzt: Was ist mit der Produktion geschehen? Die Rede von der »Deindustrialisierung« oder gar vom »Ende der Industriegesellschaft« ist missverständlich. Denn dass die Fabriken nicht mehr überwiegend in den Ballungszentren der westlichen Welt stehen, kann nur bedeuten, dass sie anderswo stehen – bzw. dass anders produziert wird. Eben das ist eine zentrale These der US-Soziologin Saskia Sassen. In ihrem Klassiker *Global City* spricht Sassen von der »geografischen Verstreuung der Produktion«. Der Niedergang der alten Industriezentren in hoch entwickelten Ländern – Sassen nennt als Beispiele Detroit, Manchester und Birmingham, aber auch das Ruhrgebiet gehört dazu – fällt zusammen mit einer Industrialisierung in Niedriglohnländern. Gleichzeitig findet eine Dezentralisierung von High-Tech-Industrien statt. Neue Technologien ermöglichen es, »einfache Niedriglohntätigkeiten von spezialisierten, ausbildungsintensiven Tätigkeiten zu trennen und damit die Optionen der Standortwahl zu maximieren«[17]. Sprich: Die alte fordistische Fabrik, die vom Ingenieur bis zum Fließbandarbeiter die für die Produktion notwendigen Berufe unter ihrem Dach versammelte, wird durch ein dezentralisiertes System abgelöst, das für jeden Produktionsschritt den günstigsten Standort wählt. Platinen und Chassis von in Japan entwickelten Fernsehern werden in chinesischen Sonderwirtschaftszonen produziert und in mexikanischen Sweat Shops mit den in Ungarn gebauten Bildröhren und anderen anderswo gefertigten Komponenten montiert. Sassen spricht von »einem globalen Netzwerk von Produktionsstätten, das die Unternehmen der hoch entwickelten Länder aufgebaut haben«[18]. Die Akteure dieses Netzwerks verschmelzen seit den siebziger Jahren durch Beteiligungen, Fusionen und Übernahmen zu transnationalen Konzernen – Dezentralisierung der Produktion und Kapitalkonzentration gehen Hand in Hand.

Was bedeutet diese Verstreuung der Produktion – vulgo Globalisierung – für die Stadt? Sassens zentrale These ist: Die Dezentralisierung der Güterherstellung macht es notwendig, die Kontrolle über sie auszuweiten und zu zentralisieren: »Je globalisierter die Wirtschaft, desto höher die Ballung zentraler Funktionen an relativ wenigen Orten – sprich: den *Global Cities*.«[19] Die extrem hohe Dichte in ihren Geschäftsvierteln sei »räumlicher Ausdruck dieser Logik«, so Sassen. Was in Metropolen wie New York, London, Tokio, Paris oder Frankfurt produziert wird, sind Dienstleistungen und Finanzprodukte, die es ihren Käufern bzw. Nutzern ermöglichen, die globalisierten Produktionszusammenhänge zu managen, zu kontrollieren und auszuweiten. Die hervorgehobene Stellung dieser Städte bestehe darin, »die Fähigkeit zu globaler Kontrolle zu produzieren«[20]. Das diesbezügliche Know how, so Sassens Analyse, werde seit den achtziger Jahren tatsächlich nicht mehr nur innerhalb der transnationalen Multis und Großbanken generiert, sondern ergänzt durch einen »schnell wachsenden Markt von eigenständigen, spezialisierten Service-Unternehmen«[21]. Die Finanz- und Bürodistrikte fungieren daher nicht mehr nur als Sitz der Großkonzerne, sondern gleichsam als konzernübergreifende Schaltzentralen für das Management der globalen Produktion. Gleichzeitig zeigt sich, dass die wenigen Städte, die zu den *Global Cities* gehören, eher ein gemeinsames System bilden, als dass sie gegeneinander konkurrieren:

»Die Internationalisierung von Fusionen, Übernahmen und Finanztransaktionen macht Städte zu ›de-nationalisierten‹ Zentren für Management und Koordinierung, für die Beschaffung und Konsolidierung von Anlagekapital und für die Bildung eines internationalen Immobilienmarktes.«[22]

Folgt man den Analysen der US-Stadtforscherin, so entpuppt sich die Rede der Standortkonkurrenz, die den Metropolen durch den »Strukturwandel« gleichsam wie ein Sachzwang aufgeherrscht wird, als etwas anderes: als Versuch nämlich, zum illustren Kreis der *Global Cities* aufzuschließen, die den Kommando-Korridor der Weltwirtschaft bilden. Die alte Standortpolitik hatte sich auf die Rolle in der nationalen oder internationalen Arbeitsteilung konzentriert bzw. auf die Rolle der Stadt als Marktplatz und Zentrum einer regionalen Ökonomie. Hamburg, Marseille und Rotterdam waren Hafenstädte, Stuttgart, München und Detroit Zentren einer Auto- oder Maschinenbauindustrie, das Ruhrgebiet oder Manchester standen für die Schwerindustrie, Chicago war das Herz eines agroindustriellen Komplexes, die San Francisco Bay Area wird zum *Silicon Valley*, zum Zentrum einer Halbleiterindustrie. Und so weiter. Im Lauf der achtziger und neunziger Jahre spalten sich die nationalen und kontinentalen Städtesysteme, wie Klaus Ronneberger schreibt, »in international konkurrenzfähige, prosperierende Metropolregionen sowie stagnierende oder schrumpfende Städte«[23] auf. Die Aussicht darauf, sich von den alten Standortvorteilen emanzipieren zu können und Teil des globalen Finanz- und Management-Korridors zu werden, weckt den Ehrgeiz einer neuen Sorte von lokalen Standortpolitikern. In dieser Hinsicht ist die Rede des sozialdemokratischen Hamburger Bürgermeisters aus dem Jahre 1983 ein historisches Zeugnis, das den Übergang von der alten, an lokalen Standortfaktoren orientierten Politik zu einer Standortpolitik für die globale Metropole dokumentiert. Eine Stadt, die im internationalen Wettbewerb mitspielen will, so das Dogma, muss sich vor allem an den Bedürfnissen einer neuen Businessclass ausrichten.

Anders als in den USA oder in China, wo man die Zentren der großen Metropolen oftmals mit wenig Rücksicht auf den historischen Bestand zum Bauland macht, entstehen die neuen Business-Distrikte in Europa meist abseits des alten Stadtkerns. *Global Cities* wie Paris und London geben die Marschrichtung vor: Bereits Ende der Fünfziger fasst das Pariser Bauministerium den Plan, im Nordwesten der Stadt eine gigantische Bürostadt zu errichten. Für La Défense planiert man Arbeiterviertel und Fabrikhallen – und übergibt die 160 Hektar Bauland der stadteigenen Entwicklungsgesellschaft EPAD[24]. In den sechziger Jahren versuchte die EPAD noch, die Baurechte für das Gebiet nach strengen, an der Charta von Athen orientierten Vorgaben an Investoren zu verkaufen: Anderthalb Dutzend identische Hochhäuser sollten Platz sowohl für 850 000 Quadratmeter Bürofläche als auch für zehntausend Wohnungen bieten. Der Verkauf zieht erst an, als die EPAD den Investoren freie Hand lässt, was Größe und Gestaltung der Bürotürme betrifft. Nachdem die Ölkrise von 1973 das Großprojekt an den Rand des Ruins gebracht hat, regt Präsident François Mitterrand den Bau eines *Landmark Buildings* im Zentrum von La Défense an. Die *Grande Arche* des dänischen Architekten Sprekelsen, eingeweiht 1989 zur 200-Jahr-Feier der Französischen Revolution, setzt der Transformation der europäischen Stadt zur globalen Business-City ein Monument: Die »historische Achse«, die mit Hotel de Ville, Louvre, Champs Elysées und dem napoleonischen Arc de Triomphe an den Insignien der alten Macht entlangführt, kulminiert in einem schlichten, 110 Meter hohen Triumphbogen aus Glas, Stahlbeton und Marmor – dem Material der neuen, transnationalen Management-Standorte.

Wer in dieser neuen Stadt arbeitet und lebt, gehört einer anderen Welt an, ist nicht mehr *citoyen*, nicht mehr Bürger des ihn umgebenden Gemeinwesens. »Glastürme werden den modernen Nomaden zu neuen Landmarken«, schreibt der Journalist Alexander Smoltczyk 1991 über La Défense. »Der *Homo defendens*«, so der *Stern*-Reporter, »ruht nie. Seine Firma hat ihn schließlich wegen seiner Dynamik eingekauft. Und wenn ein leitender Angestellter in einem der Firmenapartments in La Défense wohnen sollte, dann für einige Monate, um die Pariser Hauptgeschäftsstelle kennenzulernen, und weiter geht's. In dieser Bürostadt ist Bewegung das Ziel.«[25] Als Anfang der Achtziger hier mit dem »Quatre Temps« das größte Pariser Shopping-Center eröffnet, wird seine Rollschuhbahn zum Anziehungspunkt für die Vorstadtjugend, die *beurs* und *blacks* aus der migrantisch geprägten *périphérique*. Nach einer Massenschlägerei von Jugendlichen mit der Polizei schließt das Center-Management die Bahn und lässt einen privaten Security-Dienst zwischen den Hunderten von Boutiquen und Shops patrouillieren, dessen Mitglieder größtenteils aus den maghrebinischen Communitys der Vorstädte stammen. So sorgen ausgerechnet die Ausgegrenzten selbst dafür, dass die neue Shopping- und Businesswelt kein Aufenthaltsort für die »gefährlichen Klassen« wird.

Radikaler noch ist der Schritt, den Englands Tory-Regierung Anfang der Achtziger auf dem Weg zur neuen Business-Metropole macht. In London soll aus den innenstadtnahen Docks, die mit dem Aufkommen der Containerschifffahrt schließen müssen, ein neuer Stadtteil entstehen. »Akuter und weitreichender als jedes andere Gebiet in England zeigt sich hier der physische Verfall der inneren Stadt und die Notwendigkeit urbaner Regeneration«, erklärt Margret Thatchers Umweltminister Michael Heseltine 1981. Um die Entwicklung der Docklands anzuschieben, schafft Heseltine das Gesetz über die »Urban Development Corporations« (UDF). Die UDFs sind öffentlich finanzierte, aber wie ein Privatunternehmen gesteuerte Gesellschaften, ausgestattet mit Sonderbefugnissen, die ihnen erlauben, planungsrechtliche Vorschriften zu umgehen. Sie sind z. B. autorisiert, auch gegen den Willen der Eigentümer Land aufzukaufen. Im Unterschied zur EPAD, die La Défense als behördenähnliche, von mehreren Ministerien beaufsichtigte Institution entwickelt, entzieht die London Docklands Development Corporation (LDDC) das Entwicklungsgebiet per Feder-strich der parlamentarischen Kontrolle. Ein Stück Gemeinwe-sen wird gleichsam Privateigentum einer aus dem städtischen Kontext herausgelösten GmbH. Die von den UDFs verwalteten Entwicklungsgebiete – etwa der Geschäftsstadtteil Canary Wharf – können mit massiven Steuer- und planungsrechtlichen Befreiungen locken.

1986 dereguliert die Tory-Regierung die Londoner Wertpa-pierbörse. Der als »Big Bang« bezeichnete Schritt lässt London in den Folgejahren zum wichtigsten Finanzzentrum neben New York aufsteigen. Um den gewachsenen Flächenbedarf der in der historischen *Square Mile* der City Of London zusammenge-drängten Banken und Finanzgesellschaften zu befriedigen, er-richtet die kanadische Olympia & York, der seinerzeit weltweit größte Immobilienentwickler, die gigantische Bürostadt Canary Wharf. Doch die Docklands gelten als unattraktiv – unter an-derem, weil es an Verkehrsanbindungen fehlt. Die Eröffnung der U-Bahnlinie in den neuen Stadtteil verzögert sich, weil die Stadt den Bau von einer Co-Finanzierung durch Olympia & York abhängig macht. Die Rezession der frühen Neunziger bringt den Immobiliengiganten schließlich zu Fall: Pünktlich zur Fertigstellung 1992 meldet Olympia & York Konkurs an. Statt die Investoren zur Kasse bitten zu können, muss die Stadt die löchrige Infrastruktur nun aus öffentlichen Mitteln finan-zieren. Das Docklands Consultative Committee (DCC), eine kritische Monitoring-Gruppe aus den umliegenden Bezirken, rechnet Anfang der Neunziger vor, dass jeder neue Job in der neuen Bürostadt vom Steuerzahler mit einer Million Pfund sub-ventioniert ist.

Heute gehört die Canary Wharf Group zu sechzig Prozent dem US-Finanzgiganten Morgan Stanley, und sie hat in den letzten zehn Jahren in London so viel Bürofläche geschaffen wie kein anderer Immobilienentwickler. Umgeben von Stadt-teilen, die zu den ärmsten Englands gehören, sind in den Dock-lands Geschäfts- und Apartment-Enklaven entstanden, die sich mit privaten Sicherheitsdiensten und Überwachungssyste-men von der Außenwelt abschotten. Die britische Journalistin Anna Minton schreibt: »Das Leben und Arbeiten in dieser pri-vaten Hochsicherheits-Umgebung ermöglicht es wohlhabenden

Berufstätigen, sich fast nahtlos von ihren Büros zu luxuriösen Waterfront-Apartments oder von Konferenzzentren zum Flughafen zu begeben, bei minimalem Kontakt mit der sie umgebenden Umwelt.«[26] In ihrem Buch über die Privatisierung öffentlicher Orte beschreibt Minton, wie das Docklands-Konzept zur Blaupause für *Urban Renaissance*-Programme in ganz Großbritannien geworden ist: »Was erdacht wurde, um gezielt die Bedürfnisse der Wirtschaft zu bedienen, gilt heute als Standardmodell, wo immer es in den Städten und Gemeinden darum geht, neue Orte zu schaffen. Vorher gehörte die Stadt der Regierung und den Gemeinderäten, also der Volksvertretung. Heute gehören immer größere Teile der Stadt den Investoren – und ihr wesentlicher Zweck ist Profit.«[27]

Die Umwandlung von innerstädtischen Brachflächen in hochpreisige Business-, Entertainment-, Shopping- und Apartment-Areale wird in den neunziger Jahren in vielen europäischen Metropolen zum Schwerpunkt städtischer Politik. Doch im Unterschied zu den achtziger Jahren sind es nicht mehr in erster Linie ökonomische Argumente – der Sachzwang des Strukurwandels, die fehlenden Steuereinnahmen, der jahrelange Niedergang ehemaliger Industrieflächen u. Ä. –, die diese Umwandlung rechtfertigen. Jetzt ist es der Ruf nach urbanen Visionen, nach *Bigness*, der den Bau großformatiger Business-Distrikte begleitet – wie etwa die Metamorphose des Potsdamer Platzes in Berlin zeigt.

Der ehemals zentrale und dann durch die Berliner Mauer geteilte Platz im Ortsteil Tiergarten gilt in den Neunzigern als »größte Baustelle Europas«. Mit dem Ende der DDR wird das Areal wieder eine zentrale Lage in der zukünftigen deutschen Hauptstadt. Kurz nach der Maueröffnung und mitten in den Wiedervereinigungs-Wirren verkauft der SPD-geführte Berliner Senat 6,1 Hektar an die Stuttgarter Daimler Benz AG – für 1500 DM den Quadratmeter, was ungefähr einem Neuntel des damaligen Verkehrswertes entspricht. Weitere 3,1 Hektar gehen ein Jahr später an Sony für 3150 DM den Quadratmeter.[28] Die Schleuderpreis-Deals geben den Startschuss für die konsequente Privatisierung der zukünftigen Sahnelage. Der Berliner Baudirektor Hans Stimmann versucht, die Investoren auf eine an der historischen Bautypologie orientierte Struktur zu verpflichten. Der von Stimmann durchgedrückte Siegerentwurf des städtebaulichen Wettbewerbs – einheitliche Büroblocks von 40 Metern Höhe – lösen einen Sturm im Blätterwald aus. Der holländische Stararchitekt Rem Koolhaas beklagt die »schreckliche Vergeudung einer im 20. Jahrhundert europaweit einzigartigen Unternehmung« in einem offenen Brief an die Städtebau-Jury. »Eigentlich soll am Potsdamer und Leipziger Platz ein Hyperzentrum von enormer Dichte und Komplexität entstehen.«[29] Der Sprecher des Daimler-Konzerns wirft dem Berliner Senat vor, »die antikapitalistischen Spielchen der eingemauerten Idylle« weiter zu betreiben. Für einen Akt von »weiser Voraussicht« hält es *Der Spiegel*, dass Daimler, Sony und Co. angesichts des vom Senat verordneten »erbarmungslosen Büro-Massivs«[30] ein eigenes Entwicklungsgutachten in Auftrag gegeben hatten. Dieses Gutachten – erstellt vom Centre-Pompidou-Architekten Richard Rogers – ist ein Masterplan unter den Titel »Potsdamer Platz: A People's Place«. Er verspricht den Berlinern eine »exemplarisch nachhaltige Entwicklung in zentraler City-Lage«, mit »fußgängerfreundlichem Environment« und einer »Balance aus Büros, Wohnen, Geschäften und kulturellen Aktivitäten«, alles unter »strengen Umwelt-Parametern«[31] geplant.

Wer den Potsdamer Platz heute betritt, steht in einem verkehrsumtosten Hochhausviertel, das der damaligen Nachhaltigkeits-Rhetorik Hohn spricht. Das Areal ist nicht nur Unternehmenssitz von Global Playern wie Deutsche Bank, Daimler oder Sony, sondern beherbergt eine weit verzweigte Shopping- und Event-Welt. Dominiert von Hochhaus-Solitären wie dem sichelförmigen »Bahn-Tower« oder dem »debis Haus« ist der Potsdamer Platz eine riesige »Mall without walls«, ein distriktgewordener Tempel der globalisierten Marken- und Entertainment-Kultur. Durch unter- wie überirdische Shopping-Arkaden mit Systemgastronomie und Franchise-Shops geht es zu den Multiplex-Kinos und Entertainment-Häusern mit internationalen Shows wie der »Blue Man Group« oder »Dirty Dancing«, also Musical- und Revueproduktionen, die in standardisierter Form überall auf der Welt laufen. Spektakuläres Zentrum des Potsdamer Platzes ist die zeltförmig überdachte »Sony Plaza« mit ihrem tausend Quadratmeter großen »Sony Style Store«, in dem der japanische Unterhaltungselektronik-Konzern »den Kunden durch die Präsentation des gesamten Sony-Produkt-portfolios ein exzellentes Einkaufserlebnis«[32] zu bieten ver-spricht. Selbstverständlich liegt das Hausrecht in dieser globa-len Markenstadt aus »Sony Center« und »Daimler City« bei den Betreiberfirmen. Wer sich hier aufhalten darf, darüber ent-scheiden private Sicherheitskräfte. Die allerdings müssen so gut wie nie in das Geschehen eingreifen. Die architektonischen Räume des Potsdamer Platzes funktionieren als »stumme Ge-bote«[33], deren Gestaltung unerwünschte Aneignungen und Be-suche quasi a priori verhindern – etwa dadurch, dass es auf öffentlichen Plätzen wie dem Marlene-Dietrich-Platz keine öf-fentlichen Sitzgelegenheiten gibt. Das Areal funktioniert nach einer klaren Hierarchie der Nutzungen: Sein Design bevorzugt Menschen, die zum Shoppen und Konsumieren kommen, tole-riert das touristische, die Architektur bewundernde Flanieren und sperrt sich gegen abhängende Jugendliche, Straßenmusiker, Punks, Obdachlose, Biertrinker oder taubenfütternde Rentner.[34]

A people's place? Oder wenigstens eine »europaweit einzig-artige Unternehmung«[35]? De facto ist der Potsdamer Platz heu-te ein privatisierter Geschäfts- und Shopping-Distrikt, wie er in jeder Metropole der Welt stehen könnte. Von den Stararchitekt-Visionen, mit denen die Investoren die öffentliche Debatte um die Planungshoheit seinerzeit gewannen, ist nichts übrig ge-blieben. Gerade das macht deutlich, dass Imagepolitik bei der Durchsetzung von Großvorhaben eine wachsende Rolle spielt. Eine zunehmend investorengesteuerte Stadtplanung beginnt, sich als »visionär« zu vermarkten. Die unternehmerische Stadt lernt sozusagen von der Kommunikationsstrategie ihres Vor-bilds, des globalen Unternehmens. Wie das geschieht, lässt sich gut an der Hamburger Hafencity studieren – das Projekt, das an der Jahrtausendwende den Potsdamer Platz als »größte Bau-stelle Europas« ablöst.

Die Geschichte der Hafencity beginnt mit einem propagandis-tischen Fehlschlag. Ende der achtziger Jahre beschließt die Hamburger Wirtschaftsbehörde, für die Bebauung der Kehr-wiederspitze und den Umbau der historischen Speicherstadt In-vestoren zu suchen. Aus dem Gebiet am Binnenhafen soll eine

Bürostadt nach dem Vorbild der Docklands werden. Der kanadische Finanzgigant Royal Trust[36] ist interessiert, weiß aber darum, dass die Operation delikat ist: Zum einen würde erstmals ein Stück des Hafens vollständig privatisiert. Zum anderen gilt die wilhelminische Speicherstadt als historisches Erbe der Hansestadt. Schon der im Jahre 1988 gefällte Senatsbeschluss, die pittoresken Backsteinzeilen in einen »citynahen Dienstleistungs- und Wohnungs-Komplex« umzuwandeln, hatte die lokalen Medien und die Vertreter der Hafenwirtschaft auf die Palme gebracht. Royal Trust lässt daher von dem Politikberater Thomas Mirow eine Kommunikationsstrategie ausarbeiten, um öffentliche Akzeptanz für das Projekt seiner Entwicklungsgesellschaft »Docklands GmbH« zu erzeugen. Der ehemalige Senatssprecher (und spätere SPD-Wirtschaftssenator) empfiehlt den Kanadiern, den Firmennamen möglichst zu ändern: »Mit dem Begriff Docklands wird die Entwicklung in London assoziiert, die in Hamburg als Parallele nicht gerne gesehen wird.« Auch das »Fluidum des Thatcherismus« habe »sicherlich keine positive Ausstrahlung«[37], schreibt Mirow und rät zu konspirativer Vorbereitung in enger Kooperation mit dem Senat, die in einen schlagartigen Kommunikationscoup münden soll: Das Projekt solle unter dem Titel »Euro.Office« vermarktet werden. Die existierende Brache müsse man als »Schandfleck« brandmarken, den man jetzt »in privater Initiative wieder beseitigen« werde, um die Kehrwiederspitze zur »Visitenkarte für den Hamburger Hafen« werden zu lassen.

Der Coup misslingt gründlich. Das Mirow-Papier sickert in die Öffentlichkeit und löst eine für den SPD-geführten Senat unappetitliche Debatte über den »roten Filz« der Hansestadt aus. Der Umbau der Speicherstadt unterbleibt, und der Zuschlag für die Bebauung der Kehrwiederspitze geht an die britisch-amerikanische Investorengruppe P & O / Citybank, die dort fünf Bürokomplexe mit rund 100 000 Quadratmetern Fläche errichtet. Doch der glanzvolle Name »Hanseatic Trade Center« schützt auch das neue Projekt nicht vor einem öffentlichen »Sturmlauf gegen ein Manhattan an der Elbe«[38]. Das bundesweite Feuilleton kritisiert die »Dienstleistungswüste« der »Monostruktur« aus Büros und noch mal Büros: »Das Hamburger Wasserportal hätte eine würdigere Landmarke statt die-

ses stumpfen Hobels verdient«[39], schreibt die *FAZ*, die *Zeit*
spricht von einem »Bürokonglomerat von armseliger Architektur«[40]. Der Architekt Alexander Gérard – Projektentwickler des
Hanseatic Trade Center – beschwert sich öffentlich über die
»manchmal frustrierenden Verhandlungen« mit den Behörden,
die nur »zögerlich agierten«[41].

Das PR-Desaster ist den Stadtoberen eine Lehre – in mehr-
facher Hinsicht. Zum einen setzt Hamburgs Bürgermeister Henning Voscherau nunmehr konsequent auf konspirative Stadtplanung. Ab 1991 baut der SPD-Mann eine eingeschworene
Task Force aus Behördenmitarbeitern und Managern der städtischen Hafengesellschaft HHLA auf. Sie bereitet unter strik-
ter Geheimhaltung die Umwidmung des innenstadtnahen Freihafens für ein monumentales *Urban Renaissance*-Programm
vor. Zum zweiten orientiert sich Voscherau am Vorgehen der
britischen Politiker im Falle der Docklands. Er überträgt die
Planung, Entwicklung und Vermarktung der zukünftigen Stadt-
erweiterung einer »Gesellschaft für Hafen- und Standortentwicklung GmbH«[42]. Statt den Fortschritt des Projekts von Be-
denkenträgern in Bürgerschaft oder Behörden abhängig zu
machen, soll die stadteigene, aber privatwirtschaftlich agieren-
de GmbH das Areal für die Investoren mundgerecht aufberei-
ten. Und zuguterletzt soll eine konsequente Kommunikationsstrategie dafür Sorge tragen, dass die Erweiterung der Innenstadt als visionäres Zukunftsprojekt gilt – als großer Wurf,
der keinesfalls den Nimbus einer lobbygesteuerten Bürostadt
hat, wie ähnliche Vorhaben bis dato. Die Stunde der Image-City
ist gekommen.

»Entscheiden wir uns nach vier Generationen für die Rück-
kehr der Stadt an die Elbe!«, ruft Hamburgs Bürgermeister Voscherau am 7. Mai 1997 bei der Präsentation seines Großpro-
jekts, die wieder nicht vor dem Parlament stattfindet, sondern
im exklusiven Kreis des Übersee-Clubs, den schon Dohnanyi
für seine Rede über das »Unternehmen Hamburg« gewählt hatte. Doch Voscherau verzichtet auf die Niedergangs-Szenarien
seines Amtsvorgängers und spickt seinen Vortrag mit dem Ad-
jektiv »historisch«. Die Stadt stehe vor einer »historischen Entscheidung«, einer »historischen Herausforderung«, die sich
nach dem Mauerfall und der neuerlichen Öffnung nach Osten

in einem »historischen Zeitfenster« ergäbe. Es gehe um nichts weniger als die »Vision eines revitalisierenden Stadtraumes«, um einen neuen »Stadtkern«, der »in seiner Art ein Muster für die neue Lebendigkeit Hamburgs und einer Innenstadt abgibt und vielleicht ja sogar ein Modell für den sozialen Städtebau der Zukunft im Sinne einer ›neuen Wirklichkeit von Städten‹ darzustellen vermag.«[43]

Dreizehn Jahre später ist diese »neue Wirklichkeit« Realität geworden: Auf dem westlichen Teil des mit 157 Hektar »größten innerstädtischen Stadtentwicklungsprojekts Europas«[44] ist mit dem Dalmannkai der erste Stadtteil der Hafencity entstanden. Noch wühlen sich hier und da Baufahrzeuge durch den Sand und der ein oder andere Straßenabschnitt ist noch nicht asphaltiert. Doch die Touristen sind schon da: Busreisegruppen mit Rentnern, Familien mit Kinderwagen, ältere Pärchen mit Fahrrädern flanieren die Kaipromenaden entlang und blicken staunend zu den Apartments auf. Dort weißer Marmor, hier schmucke Kupferverblendungen, da roter Klinker, dazwischen überragt ein ovales Glashochhaus die würfelförmigen Gebäude. Hier ist jedes Haus ein Solitär, und jedes setzt auf seine Weise die Idee vom exklusiven Platz an der Sonne um. Von einem Haus in Popart-Optik ragen weiße, gerundete Schalen ab, das nächste hat eine breite, umlaufende Balkonfront, auf der da und dort Gartenmöbel aus Teakholz stehen. Anderswo verteilen sich die Balkone terrassenartig über die Stockwerke. Klangvolle Namen wie »Arabica«, »La Taille Vent« oder »Elb-Elyseum« signalisieren geschmackvolle Markenidentität.

Der »Marco Polo Tower«, ein 15-geschossiger, modernistischer Apartment-Turm am Elbufer, offeriert den Immobilienkunden gar ein »Design Ready«-Konzept: Freitreppen, Säulen, gemauerte Sitzlandschaften, verschiebbare Wände – mit Hilfe von Stardesignern können die Bewohner ihr Heim exklusiv ausgestalten. Wer nicht zu den Superreichen gehört, die sich solche Maßanfertigungen leisten, kann für seine vom Designer Philippe Starck eingerichtete »yoo-Wohnung« am Dalmannkai zwischen verschiedenen Ausstattungslinien wählen – von »minimal« bis »classic«.

An den Schaufenstern der Maklerbüros in der westlichen Hafencity stehen kleine Trauben von Touristen und wundern sich über die Preise: 120 Quadratmeter für 3000 Euro netto kalt! Ein Apartment für anderthalb Millionen! Junge, Junge, wer kann sich das denn leisten? Doch in der Hafencity wohnen nicht ausschließlich Reiche. Auch zwei Wohnungsbaugenossenschaften sind in dem neuen Quartier untergekommen. Sie vermelden stolz, »anders als die meisten anderen Eigentümer in der Hafencity keine Luxuswohnungen«[45] errichtet zu haben. Mit Mieten von zehn Euro aufwärts sind die Behausungen hier zwar auch nicht spottbillig. Doch immerhin bescheren sie dem neuen Quartier eine Handvoll mittelständische Bewohner, was der Hafencity GmbH wiederum die Gelegenheit gibt, im Web und zahlreichen Broschüren zu verbreiten, in der neuen Stadt lebten Menschen aus »unterschiedlichen sozialen oder kulturellen Milieus«.[46]

Denn Marketing wird hier großgeschrieben. Nichts geschieht in der Hafencity, ohne dass es nicht durch Broschüren, Videoclips, mit Presseempfängen, Präsentationen, Podiumsdiskussionen, Architekturwettbewerben oder Ausstellungen begleitet würde. Die »Stadtentwicklung aus einer Hand«[47], deren sich die Hafencity GmbH rühmt, funktioniert ganz nach privatwirtschaftlichem Vorbild. Der neue Stadtraum ist nicht nur formal privatisiert – solange gebaut wird, ist die GmbH zuständig, nicht das Bezirksamt. Er soll sich auch nach außen wie ein Markenprodukt präsentieren. Ihren Kunden, den Käufern und Mietern hochwertiger Wohn- und Gewerbeimmobilien, verkauft die Hafencity GmbH den neuen Stadtteil als Premium-Produkt: Als »kompakte, vielschichtige Stadt der kurzen Wege«, wie es in einem der unzähligen Web-Videoclips heißt. Junge Familien dürfen bekennen, dass »Familie und Beruf in der Hafencity leichter vereinbar sind als anderswo«. Von der »Aufbruchsstimmung« und dem »Veränderungswillen« schwärmt der Geschäftsführer des Weltkonzerns Unilever, der von seinem Sechziger-Jahre-Hochhaus in der Innenstadt in einen Glaspalast umgezogen ist. »Es gibt genügend abschreckende Beispiele von Büro-Citys, die nachts und am Wochenende völlig ausgestorben sind. Hier hat man eben etwas gemacht, das wegweisend ist: dass man Wohnen, Arbeiten, Freizeit nebeneinander ermöglicht und auch fördert.«[48]

Wo immer möglich, setzt die Hafencity GmbH gegen das

Image der »kalten« Bürostadt oder der abgeschotteten *Gated Community* die *Corporate Identity* vom »lebendigen Stadtteil«. Wie diese Imagepolitik funktioniert, zeigt der Fall der Magellan-Terrassen: Als im Frühsommer 2005 der erste öffentliche Platz der westlichen Hafencity fertig ist – noch bevor dort Wohnhäuser stehen –, dauert es nicht lange, bis Skateboarder, BMX-Fahrer und Inlineskater die geschwungenen Terrassen entdecken. Fast drei Jahre nutzen die Skater den Platz – doch als die ersten Mieter in die benachbarten Wohnhäuser ziehen, macht die Verwaltung dem Treiben ein Ende und setzt Skatestopper auf die Geländer und Bodenplatten. Weil sich ein paar Skater von den Hindernissen nicht abschrecken lassen, laufen bei der Hafencity GmbH Lärmbeschwerden der Anwohner auf.

Ein Fall für Marcus Menzl. Der Stadtsoziologe erstellt im Auftrag der Hafencity GmbH eine Langzeitstudie mit dem Titel »Soziale Prozesse und deren strategische Gestaltungsmöglichkeiten in der Hafencity« – und ist darüber hinaus Ansprechpartner für die Bewohner und Nutzer. Menzl bringt Skater und Anwohner an einen Tisch, und man einigt sich: Laut einem Schild ist Skaten jetzt bis 21 Uhr erlaubt. Sonntags nur bis 18 Uhr. Immerhin habe sich die Hafencity direkt an die Skater gewendet, lobt Christopher Graham vom Hamburger Skateboardverein. »Aber jetzt müssten sie die Skatestopper langsam mal zurückbauen, wie versprochen.«

»Unser Grundsatz ist, dass niemand von den Plätzen verdrängt werden soll«, erläutert Marcus Menzl die offizielle Position der Hafencity GmbH. »Aber alle Seiten sollten zu Kompromissen bereit sein.«[49] Menzl, ein freundlicher, eloquenter Fortysomething, verdankt seine Anstellung der Erkenntnis, dass der künstliche Stadtteil eine Zivilgesellschaft braucht, eine soziale Infrastruktur. Und das geschieht »viel über Netzwerke, Initiativen und Partizipationsprozesse«, wie er sagt. Eine Aufgabe, die dankbarer ist als in anderen Stadtteilen. Denn wer hier lebt, verfügt über ein »hohes Bildungsniveau« und über ein »hohes kulturelles Kapital«, so Menzl. Internetabdeckung? Hundert Prozent. Für seine Studie hat er die Bewohner in vier Gruppen aufgeteilt, die zahlenmäßig etwa gleich stark sind: Da gibt es die wohlhabenden Senioren, die sich im Alter ihren Traum vom Leben an der Waterkant erfüllt haben. Nicht zu verwechseln mit den »Empty Nestern«: Paare ab 50 Jahren aufwärts, die vorher mit Familie im Speckgürtel gewohnt haben und nun, da die Kinder aus dem Haus sind, wieder am »urbanen Leben« teilhaben wollen. Es folgen die Familien mit Kindern – meist Angestellte oder Inhaber von in der Hafencity angesiedelten Firmen. Und dann gibt es auch noch die kinderlosen Yuppies, auch Dinks (*Double income no kids*) genannt, die der Hafencity-Soziologe lieber als »multilokale Haushalte« bezeichnet: Leute, die mehrere Wohnsitze haben, viel geschäftlich unterwegs sind. Sie machen etwa ein Viertel der Bewohnerinnen und Bewohner aus – aber eben auch nur ein Viertel, wie Menzl betont. Neben ihm sitzt Frau Bühler, die Leiterin der Presse- und Öffentlichkeitsarbeit der Hafencity GmbH, und nickt beifällig.

Wer über die Hafencity berichten möchte und Informationen aus erster Hand braucht, der kommt an der GmbH und ihrer Öffentlichkeitsarbeit nicht vorbei. Gerne ist Frau Bühler bei Drehgenehmigungen und Interviews mit Anwohnern behilflich – aber wichtig ist dabei schon, dass genau abgesprochen ist, was Thema und inhaltliche Ausrichtung der Beiträge sind. Sorgfältig wacht man von dem modernen Klinkerbau an der Osakaallee aus darüber, das kein verzerrtes Bild von der neuen Stadt am Wasser entsteht. Man hat eben schlechte Erfahrungen gemacht. Allen Broschüren, Imagefilmen und Verlautbarungen zum Trotz hält sich nämlich der mediale Eindruck hartnäckig, dass hier nur Reiche wohnen, die sich vom Rest der Stadt abschotten. Als bei der Bundestagswahl 2009 die FDP mit 27,5 Prozent ein Rekordergebnis in der Hafencity erzielt, widmet *Die Zeit* dem neuen Stadtteil eine Story. Unter dem Titel »Der gelbe Planet« porträtiert die Wochenzeitung die Bewohner als lärmempfindliche Millionäre und Emporkömmlinge, die sich für »Leistungsträger« halten und Anzcige erstatten, »weil der Dampf eines alten Eisbrechers im Museumshafen auf ihre Balkone«[50] zieht. Die von Anwohnern betriebene *HafenCity News* wehrt sich nach Kräften: Die Bewohner seien mehrheitlich »keine solipsistischen Egozentriker«, schreibt der Herausgeber: »Wirklich erfolgreiche Menschen besitzen auch soziale Intelligenz.«[51] So schwärmen nicht mehr nur die bunten Broschüren und Propagandafilme von dem »lebendigen Quartier«. Mittlerweile schaltet sich die sorgfältig gehegte Hafencity-Zivilgesellschaft selbst ein.

Weil »urbanes Leben« ein hohes Gut in der Retortenstadt ist, gibt es sogar einen Basketball-Platz. Der Elbblick und der gute Belag des Spielfeldes locken Vorstadtjugendliche auf das Feld am Vasco-Da-Gama-Platz. Weil die bis spät in die Nacht spielen, dauert es nicht lange bis zur ersten Protestnote: Mit einer Unterschriftenaktion beschweren sich die Anwohner gegen das Dribbeln und Ballwerfen, das »für bestimmte Wohnungspositionen eine unangenehme Geräuschkulisse zur Folge«[52] habe. Die Hafencity GmbH aber besteht darauf, dass Basketball für die »urbane Gestaltung« des Platzes unverzichtbar sei. »Das produziert Leben«, sagt Stadtsoziologe Menzl. Man einigt sich auf einen Kompromiss: Die Jugendlichen dürfen nur bis 21 Uhr spielen. Und die GmbH lässt den bisherigen Belag durch dickeres, mit einer Dämmschicht versehenes Material ersetzen.

Anwohner mit Problemen, die man in den meisten anderen Stadtteilen gern hätte. Lösungen, die die meisten Kommunen in ihrer notorischen Haushaltsnot nicht anbieten können: Die Hafencity ist eine »Insel der Glückseligen«, wie ein Werbetransparent an einem Haus im Überseequartier verrät. Genau das soll sie auch sein. Die Zurschaustellung von Reichtum, das schaufensterartige Luxuswohnen mit »unverbaubarem« Elbblick ist nicht bloß private Marotte einer Oberschicht. Der neue Stadtteil ist die Visitenkarte einer Stadt, die sich auf dem Weg zur »internationalen Metropole« programmatisch zur Segregation bekennt. Das »Leitbild Wachsende Stadt«, 2002 von einer Koalition aus CDU und rechtspopulistischer Schill-Partei verabschiedet, spricht von einer »zielgruppenorientierten Strategie«. Diese werde dafür sorgen, dass nicht die Falschen – also die Bezieher von sozialen Transferleistungen – dem Ruf nach Hamburg folgen. Es sei »von einem unterdurchschnittlichen Anteil dieser Personengruppen an den Zuziehenden« auszugehen, so das Papier. Denn: »Nur mit einem hohen Anteil von Familien, Kindern, (jungen) kreativen Menschen, qualifizierten Fachkräften und gesellschaftlichen Entscheidungsträgern kann die Stadt die Dynamik, das Flair und den Einfluss einer internationalen Metropole entwickeln.«[53]

Die Botschaft ist klar: Man will wirtschaftlich potente Einwohner anlocken und ärmere Bevölkerungsgruppen fernhalten. Nicht die real existierende Stadtbevölkerung und ihr Bedarf sind der Maßstab politischen Handelns, sondern das Ziel, den Stadtraum attraktiv für Investitions- und Wohnortentscheidungen der anvisierten Klientel zu machen. Für dieses Programm hat die Hafencity Modellcharakter – und eben deshalb darf sich der Bau des neuen Stadtteils auch keinesfalls vom real existierenden Bedarf abhängig machen, wie Henning Voscherau noch 1997 versprochen hatte. Die Stadt am Hafen werde »der jeweiligen Aufnahmefähigkeit des Marktes angepasst werden«, hatte der damalige Bürgermeister in seiner Rede vor dem Überseeclub erklärt. »Einen Angebotsüberhang, der zu Markteinbrüchen führen müsste, wird der Senat ausschließen.«[54]

Eine Dekade später sieht das ganz anders aus. Mit dem Platzen der Immobilienblase im Winter 2008 / 2009 bricht auch eine Vermietungs- und Investitionskrise über die Hafencity herein. Die Errichtung des »Übersee Quartiers« der Hafencity – 2003 an ein niederländisch-deutsches Konsortium vergeben – steht in Frage. Nicht nur haben sich seit dem Börsencrash die Bedingungen fürs Bauen drastisch verschlechtert – u. a. verlangen die Banken einen mehr als doppelt so hohen Eigenkapitalanteil für die Kreditfinanzierung als vor der Krise. Es fehlen auch schlicht Mieter für die 27 Hektar große Büro- und Einkaufsstadt. Oder besser gesagt: Angesichts anhaltender Wirtschaftsflaute wird der spekulative Leerstand zum Problem. Nunmehr sind »tatsächlich erfolgte Vermietungen Voraussetzungen für eine Projektrealisierung«, wie es in einer Senatsdrucksache heißt: »Eine Vorratsentwicklung im Vertrauen auf weiteres Wachstum ist auch an herausragenden Standorten wie in der Hafencity zurzeit nicht darstellbar.«[55] Keinesfalls ist damit jedoch das vorläufige Aus für das Überseequartier besiegelt. Vielmehr haftet die öffentliche Hand für das Risiko. Im Kaufvertrag von 2005 hatte die Stadt dem Investorenkonsortium eine «Anmietungsoption« garantiert, falls sich keine Mieter für seine Objekte finden. Sprich: Die Stadt Hamburg muss über vierzig Prozent der neu gebauten Bürofläche selbst anmieten. So kommt es, dass Hamburgs Wirtschaftsbehörde und andere städtische Institutionen in eine Premium-1A-Lage umziehen sollen – zwischen «Flagship-Stores, Markenboutiquen und Filialen internationaler Labels«[56]. Und natürlich auch zu saftigen Preisen: Die Mietgarantie wird die Steuerzahler jährlich über zwei Millionen Euro zusätzlich kosten. «Ich finde es richtig, das zu machen. Wir müssen zeigen, dass die Hafencity funktioniert«[57], so verteidigt Horst Becker (GAL) die mit öffentlichen Mitteln abgesicherte Immobilienspekulation. Die «Grün-Alternative Liste«, seit 2007 Koalitionspartner in Deutschlands erster schwarz-grüner Landesregierung, war Anfang der Achtziger unter anderem gegen Spekulanten angetreten.

Unternehmen Stadt? Seit den achtziger Jahren wirbt neoliberale Politik für sich mit dem Argument, ökonomische Vernunft und unternehmerisches Ethos müssten Einzug in die Politik halten. Stolz verkündet man in Hamburg – und nicht nur dort –, die Stadt habe »die Größe eines mittleren Dax-Unternehmens«[58] und präsentiert den Landeshaushalt als »Konzernbilanz«[59]. Tatsächlich verhält sich die »unternehmerische Stadt« zwar überaus kapitalfreundlich, aber keineswegs wie ein Unternehmen. Während Privatunternehmer in Insolvenz gehen, wenn sie sich verspekulieren, lässt die Stadt das Gemeinwesen bürgen, wenn ihre »Zukunftsinvestitionen« fehlschlagen. Das »Unternehmen Stadt« ist de facto eine aus Steuermitteln finanzierte Absicherungsinstanz für privatwirtschaftliche Risiken.

Der Fall Hafencity zeigt das exemplarisch. Die neue Büro-, Einkaufs- und Wohnstadt in Toplage ist ein *Public-Private-Partnership*-Projekt von gigantischen Ausmaßen, das der Öffentlichkeit zunächst als gewinnträchtig verkauft wird: Voscherau spricht 1997 von der «marktgerecht selbst tragenden Entwicklung und Verwertung« der neuen Stadt und stellt in Aussicht, das mit der Vermarktung der Grundstücke auch noch ein neues Containerterminal in Altenwerder gebaut werden könne. Zehn Jahre später ist davon keine Rede mehr. Die Verkaufserlöse finanzieren bestenfalls die Kosten für die Ausstattung des Stadtteils mit einer luxuriösen Infrastruktur. Die Hafencity ist vom *Profit Center* zum Subventionsfall geworden – was jedoch der Rechtfertigungslogik keinen Abbruch tut. Falls das Hamburger Parlament sich gegen die fälligen »Vertragsanpassungen« mit den Investoren entscheide, werde ein »erheblicher Vertrauensschaden für Hamburg entstehen«[60], warnt Jürgen Bruns-Berentelg, Geschäftsführer der Hafencity GmbH. Immerhin gehe es im Überseequartier um eine Milliarde Euro Investitionsvolumen.

Bigness lautet nun das Argument. Die schiere Größe der bevorstehenden Investitionen lässt es sachgerecht erscheinen, dass die öffentliche Seite den privaten Banken, Bauunternehmern, Projektentwicklern und Immobilieninvestoren die Rentabilität ihrer Anlagen auch gegen die Wirtschaftslage zu garantieren hat. Die Warnung vor dem »Scheitern« städtischer Großprojekte ist ein Plädoyer für die Umverteilung von Mitteln des Gemeinwesens in Richtung privater Kapitalanlage – als ein Zeichen dafür, dass sich in einer Stadt das Investieren lohnt.

Wie Imagepolitik zum Sachzwang wird, lässt sich am Fall der Elbphilharmonie verfolgen, die seit 2003 auf der Hülle des ehemaligen »Kaispeicher A« vis-a-vis der Hamburger Speicherstadt geplant und gebaut wird. Die Geschichte der Elbphilharmonie beginnt mit dem Scheitern eines kommerziellen Entwicklungsprojektes: Zur Jahrtausendwende plant die Hafencity GmbH[61] mit zwei Projektentwicklern einen »Media City Port«. Unter einem 28 Stockwerke hohen *Landmark*-Glasturm auf den Grundmauern des Kaispeichers sollen sich Medienunternehmen ansiedeln. Doch im März 2000 platzt die Dotcom-Blase – Hunderte von überbewerteten IT- und Internet-Firmen müssen Insolvenz anmelden. Drei Jahre später begräbt die Hafencity-Entwicklungsgesellschaft mangels Investoren das Projekt – um an derselben Stelle ein neues, noch monumentaleres Vorhaben auszurufen. Der Projektentwickler Alexander Gérard – der bereits das benachbarte »Hanseatic Trade Center« begleitet hatte – gibt bei den Schweizer Stararchitekten Herzog & de Meuron den Entwurf für einen philharmonischen Tempel in Auftrag, der nicht mehr kommerziell, sondern nur noch emotional beeindrucken soll: »So überwältigend, dass eine Stadt nicht mehr nein sagen konnte. Nur noch ›wow‹«[62], wie Gerárd dem *Spiegel* verrät.

Mit der Wow-Architektur von Herzog & de Meuron rennt Gérard offene Türen ein. In einem informellen *Joint venture* von Lokalpolitikern, Medien und dem ortsansässigen Geldadel propagiert man das Vorhaben als »neues Wahrzeichen der

Stadt«, das der ehrgeizigen Metropole im Norden eine Markensignatur mit globalem Wiedererkennungswert gebe – ähnlich wie Frank Gehrys 1997 fertiggestelltes Guggenheim-Museum in Bilbao oder Sydneys Opera House von 1973, ein Entwurf des dänischen Architekten Jørn Utzon. Außerdem, so das Versprechen, werde die Elbphilharmonie den Steuerzahler dank *Public Private Partnership* keinen Cent kosten. Das gläserne Wellenschiff auf dem alten Kakao- und Getreidespeicher ließe sich problemlos mit Spenden der lokalen Bourgeoisie und mit dem Verkauf von exklusiven Apartments sowie einem Luxushotel finanzieren. Der *Spiegel* feiert das *Landmark*-Projekt im Jahre 2006 als »Freiheitsstatue des hanseatischen Bürgersinns«:

»Denn es ist nicht der Staat, der diesen Traum in Wirklichkeit verwandeln soll. Es sind die Bürger selbst. Würden sie die Sache dem Staat überlassen, würde die Philharmonie nie gebaut werden. So aber wächst die Konzerthalle ihrer Verwirklichung entgegen. Zwei Säle, ein Fünf-Sterne-Hotel, Restaurants, Luxuswohnungen, Cafés, eine Plaza in 37 Metern Höhe. Die Mauern, die einst den Kakao umschlossen, werden die Autos verschwinden lassen. Altes und Neues vermählen sich, das luftige Schönheitsideal von heute beflügelt den alten Handelskaliban.« [63]

Drei Jahre später rankt sich um den Bau der Elbphilharmonie der »größte Bauskandal der Republik«[64]. Aus dem *PPP*-Nullsummenspiel ist ein Finanzdesaster geworden: Die Elbphilharmonie wird den Hamburger Haushalt mit mindestens 350 Millionen Euro belasten – Betriebskosten nicht eingerechnet. Die Nachforderungen des Generalunternehmers Hochtief beschäftigen einen parlamentarischen Untersuchungsausschuss, wegen Baumängeln liegen die Architekten mit Hochtief im Clinch, und die Eröffnung des Hauses verschiebt sich immer weiter nach hinten. Doch bei aller Belustigung und Schadenfreude über das aus dem Ruder gelaufene Renommierprojekt vergessen die Kommentatoren im überregionalen Feuilleton nicht anzumerken, dass man das Desaster nach der Fertigstellung wohl bald als temporären Kollateralschaden auf dem Weg zu einem Kulturdenkmal von Weltrang abhaken werde.

So ähnlich betrachtet man die Affäre Elbphilharmonie auch

von der Chefetage des »Unternehmens Stadt« aus. Das Gebäude zeige jedem, »wie stark diese Stadt ist«, ruft der Erste Bürgermeister Ole von Beust den rund tausend Ehrengästen beim Richtfest am 28. Mai 2010 zu. Schon einige Tage zuvor hatte der CDU-Politiker gegenüber der *Süddeutschen Zeitung* etwas präziser definiert, auf welche Interessen der Bau zielt: »Die Elbphilharmonie sorgte als Bekenntnis der Stadt zur Entwicklung der Hafencity für das nötige Zutrauen der privaten Investoren.«[65] Den Zusammenhang mag man für herbeigeredet halten – entscheidend ist das Bekenntnis: Das Unternehmen Stadt bekennt sich dazu, sich ein Monument ihrer Stärke aufzuhalsen, an welchem das globale Anlagekapital sie zukünftig messen soll. So ist es keinesfalls ein Widerspruch, dass eine Stadt wie Hamburg mit kommunalen Mitteln knausert, um Schlaglöcher zu beseitigen, den Betrieb von Museen oder sozialen Einrichtungen aufrechtzuerhalten. Ganz im Gegenteil: Die Rücksichtslosigkeit, mit der städtische Politik das Gemeinwesen für ihre *Landmark*-Projekte in Haftung nimmt, wird zur vertrauensbildenden Maßnahme für den Standort. Die Protestierer aus dem Spektrum der Hamburger »Recht auf Stadt«-Bewegung, die sich beim Richtfest der Elbphilharmonie einfinden, halten das Titelblatt einer lokalen Zeitung hoch: Dort kündigte der Bürgermeister an, angesichts des jährlichen Haushaltsdefizits von 550 Millionen Euro dürfe es beim Sparen »keine Tabus« geben. Tatsächlich hat die neoliberale Stadt ihre Tabus klar definiert: In ihrem Ehrgeiz, Anschluss an die *Global Cities* zu finden, mobilisiert sie alle ihre Ressourcen für die Realisierung einer exklusiven Musterstadt, die sich mit Spektakelarchitektur als internationaler Standort empfiehlt. Die Image-City regiert die Stadt.

Kapitel 4
Künstler rein, Arme raus.
Kultur als Standortfaktor

»Stile der Stadt« heißt die Ausstellung in den ehemaligen Räumen des »Forum Altona« an der Großen Bergstraße. Wir schreiben das Jahr 2006, ein paar Hundert überwiegend akademische Twenty- bis Fortysomethings schlendern durch die leerstehende Einkaufspassage und schauen sich Raum- und Videoinstallationen an. Die DJs legen elektronische Musik auf, man trinkt Bier und Bionade aus Flaschen, steht herum oder benutzt die im Raum verteilten Sitzquader. Ein in deutschen Großstädten eingespieltes Off-Kultur-Szenario. Ein paar Hundert Meter weiter, im Stadtteil Ottensen, hat die Gentrifizierung längst dafür gesorgt, dass das alternative Milieu der Achtziger einem Branchenmix aus Feinkostläden, Bio-Supermärkten, Kinderboutiquen, Friseuren und kleinen, feinen Bistros gewichen ist. Hier aber ist es anders. Die Große Bergstraße in Altona ist die wohl letzte Flaniermeile der westlichen inneren Stadt, auf der noch nicht junge Eltern mit Boogaboo-Kinderwagen, Latte-Macchiato-Szenevolk oder ältere Gutverdiener das Straßenbild prägen. Schuld daran sind – da sind sich Lokalpolitiker einig – das ehemalige Frappant-Kaufhaus, der Waschbeton-Dinosaurier von

1973, und das »Forum Altona«, in dem die heutige Ausstellung stattfindet: ein verschachtelter Mietshochhaus-Komplex, dessen Ladenpassage im Erdgeschoss seit Anfang des Jahrtausends verwaist ist. Mieter oder Investoren sind nicht in Sicht. Ein typischer Fall für Zwischennutzung: Für Off-Galerien, Künstler, Veranstalter und andere Kulturschaffende sind die zum *Junk Space* gewordenen Siebziger-Jahre-Klötze Gelegenheiten, zumindest zwischenzeitlich an Räume zu kommen, die sie sich auf dem regulären Immobilienmarkt niemals leisten könnten.

So hat auch die Ausstellung »Stile der Stadt« ihren Platz in der abgewirtschafteten Shopping-Passage gefunden. Und sie hat diese auch gleich zum Thema gemacht: Unter dem Motto »Kunst und Konsumarchitektur« verspricht man, »das Feld zwischen öffentlichem Raum und privaten Einkaufszonen« zu erkunden. Eines der Ausstellungsprojekte heißt »Street of Beauty«: Die Künstler Jan Holtmann und Baldur Burwitz sind mehrere Wochen durch die Läden und Wohnungen rund um die Große Bergstraße gezogen, um den Anwohnerinnen und Anwohnern für hundert Euro einen maßgefertigten, schneeweißen Anzug anzubieten. »Die beiden Künstler fordern das negative Image der Fußgängerzone als freudlose städtische Brachlandschaft heraus, indem sie mit ihren stilsicheren Anzügen das Gegenteil behaupten«, heißt es in der Ankündigung zu »Street of Beauty«. »Die lässige Eleganz der Modelinie stellt eine neue Identifikation mit der Großen Bergstraße her.«[66] Die »soziale Skulptur« unterläuft den kulturellen Auftrag zur Stadtverschönerung sozusagen auf dem direktesten Wege: Sie macht den Bewohnern des »Schandflecks« eine schicke Offerte – und verschönert damit ausgerechnet die Falschen: nämlich die Billigheimer, deren »verminderte Kaufkraft«[67] den Stadtplanern schon länger ein Dorn im Auge ist.

Die verminderte Kaufkraft im Viertel wurde allerdings auch den Künstlern zur Hürde. Oder vielleicht lag es auch am Misstrauen der Mietskasernen-Bewohner gegenüber den Bohemiens, die plötzlich vor der Wohnungstür standen: Jedenfalls gingen die Anzüge trotz Schnäppchenpreis nur schleppend weg. Schließlich verkaufen die Künstler einen guten Teil der Kollektion an Bekannte aus dem Stadtteil – allerdings mit der Auflage, diese keinesfalls in durchgentrifizierten Gebieten wie dem Schanzenviertel zu tragen. So kann auch der Autor dieses Buches in einem neuen weißen Anzug auf der Vernissage von »Stile der Stadt« herumstehen. Bierselig zanke ich mich mit dem Künstler Burwitz herum. »Das ist ein sozialer Brennpunkt hier!«, ruft dieser. »Quatsch Brennpunkt!«, rufe ich zurück. »Das ist der letzte zentrale Stadtteil, in dem noch arme Leute wohnen.« »Ich weiß, wovon ich rede!«, entgegnet Burwitz. »Wir sind durch die Hochhäuser gezogen! Das ist echt hart hier!«

Off-Kultur als Instrument der »Belebung« und »Aufwertung«: Spätestens seit der Jahrtausendwende ist bei den politischen Institutionen die Erkenntnis angekommen, dass kulturelle Zwischennutzungen hilfreich sein können, um für urbane Problemzonen ein freundlicheres Image zu schaffen. Statt die aus dem Markt gefallenen Objekte veröden zu lassen, überlässt man sie zeitweilig den Protagonisten der lokalen Off-Kultur, die sie dann mit geringen Mitteln und viel Einsatz bespielen. Dieser Deal – Kulturproduzenten erhalten temporär günstige Räume, das zu transformierende Areal wird zum kulturellen Erlebnisraum – bricht in gewisser Weise mit der Tradition der urbanen Kämpfe um Freiräume. Denn die selbstverwalteten Kulturzentren, die sich in den siebziger bis neunziger Jahren in ehemaligen Industrie-, Schlachthof- oder Verwaltungsgebäuden ansiedelten, gingen oftmals aus Besetzungen und politischen Kämpfen hervor und behaupteten sich gegen massiven Druck von oben. Die Fabrik (1970) und Kampnagel (1982) in Hamburg, das ehemalige Schlachthofgebäude Arena in Wien (1976), die Rote Fabrik in Zürich (1980) oder das Berliner Tacheles (1990) sind nur einige Beispiele für Aneignungen, die sich gegen polizeiliche Räumungen und Abrissdrohungen durchsetzen mussten. Nach der Niederschlagung der Hausbesetzerbewegung in der ersten Hälfte der Achtziger avancieren viele dieser informellen Räume zu anerkannten Kulturinstitutionen, zum Anknüpfungspunkt für Gentrifizierungsprozesse und zu überregional bekannten Symbolorten. Dass aus Zwischennutzungen entstandene Klubs wie der Mojo in Hamburg oder der Tresor in Berlin den Ruf der Städte als Popkultur-Trendsetter befördern, sickert allmählich auch in Politikerkreise durch. Umgekehrt beginnen Kultur- und Szeneakteure sich ihrer Rolle als weicher Standortfaktor bewusst zu werden: sei es, um sie in Lobbypolitik umzumünzen[68], oder um diese Rolle kritisch zu reflektieren.[69]

Dennoch bleibt den informellen Orten und urbanen Brachen der Nimbus von Gegenkultur. Halblegale Clubs und Bars, temporäre Installationen, Ausstellungen oder Raves in aufgegebenen Kaufhäusern oder Industriehallen schaffen ein Gegenbild zur Stadt der Bürofassaden und Shopping-Malls. Sie ziehen Menschen an, die sich vom Mainstream der Massenvergnügungs- und Massenkonsumwelten absetzen wollen. Der Laborcharakter informeller Räume hat sich tief in das popkulturelle Kollektivgedächnis eingebrannt. HipHop oder Acid House, Vogueing oder Grunge, Drum & Bass und Hardcore – immer waren es die toten Winkel, die vom Immobilienmarkt zeitweilig für abseitig erklärten Ecken der Stadt, in denen neue, andere Sounds, Moden, Tänze, Drogen und Sexualitäten ausprobiert wurden. Eben das macht sie auch attraktiv für Markenstrategen.

Und so dauert es nicht lange, bis in Hamburgs Großer Bergstraße ein Big Player am Belebungshorizont auftaucht. Im Frühjahr 2006 startet der globale Elektronik-Konzern Philips in Kooperation mit dem holländischen Kaffeekonzern Douwe Egberts eine Kampagne zur Markteinführung des Kaffeepad-Systems Senseo. Als »senseo art initiative« meldet der Multi Bedarf an einem Kunstfestival an, dass das neue Produkt unter dem Motto »Experience the Revolution« einem jungen, kreativen Publikum nahebringen soll. Mit Hilfe einer kleinen, unabhängigen Agentur veranstaltet man im Frappant-Kaufhaus das »Ding Dong Festival«. Die Türen des Frappant – die für »Stile der Stadt« verschlossen geblieben waren – fliegen mit Schwung auf, denn der Konzern bringt Geld mit. Er lässt eine Sprinkleranlage installieren, bezahlt die Reparatur der Heizungsanlage sowie in ausreichender Menge Security-Männer mit Knopf im Ohr und stellt ein ordentliches Budget zur Verfügung, damit Künstler und Künstlerinnen aus dem Erdgeschoss des Ex-Kaufhauses eine Installations- und Barlandschaft machen können. Drei Wochen lang Kunst-Party-Event kosten die Kaffeeröster 230 000 Euro – die Promotion-Agentur nicht mit eingerechnet. Doch sie bringen auch den gewünschten Marketing-Effekt.

»Wir mussten 50 Millionen Kontakte erzielen mit diesem Event«, so Kim Pörksen, Co-Kurator von Ding Dong. »Über Direktkontakte, Flyer, Plakate, Zeitung, Website und so weiter.« Die Rechnung geht auf. Einen April lang scheint der viel geschmähte Schandfleck den anderen Szeneorten Hamburgs den Rang abzulaufen. Am Abschlussabend kommen rund 3500 Besucher, die Schlange reicht einmal ums Gebäude herum. Ding Dong wirkt wie eine gut gemachte TV-Serien-Version eines Off-Kunst-Ortes: original Golden-Pudel-Klub-DJs mit crazy Japan-Bands im geschmackvoll zusammengeklopften Sperrmüll-Ambiente.

Von der seriösen Kunstkritik mit Naserümpfen bedacht, ist Ding Dong niedrigschwellig genug für eine Anwohnerschaft, die in inhaltlich gewichtigere Ausstellungen wie »Stile der Stadt« nur sehr vereinzelt hineingestolpert ist. Nachmittags stapfen durch die bunten, begehbaren Installationen migrantische Familien ebenso wie Kindergartengruppen. »Es ging ja eher um Disneyland«, resümiert Kim Pörksen, der überhaupt kein Problem damit hat, eine Kunstplattform zu Werbezwecken zu konzipieren: »Es ist okay, solange man nicht zum direkten Erfüllungsgehilfen wird.« Die Ding-Dong-Macher sind Vertreter einer neuen Kreativen-Zunft zwischen Kunst und Marketing, die ihren Markenkunden erfolgreich beipulen, dass es cool und imagefördernd ist, Kulturschaffenden eine Spielwiese zu finanzieren, statt sich von ihnen Wodkaflaschen oder Zigarettenpackungen gestalten zu lassen. »Advertising sucks!«, lautet die Überschrift des Einführungstextes im Ding-Dong-Katalog. »Ich glaube fest daran«, schreibt Ding-Dong-Mastermind Derek Richards hier, »dass die Marken, die ihrer Verantwortung dadurch gerecht werden, dass sie sich fragen, was sie für die Leute tun können, die sie als Konsumenten gewinnen wollen, und dementsprechend handeln, mehr öffentliche Aufmerksamkeit bzw. Image gewinnen, wie Marketing-Nerds es zu nennen pflegen. Idealerweise ist also eine Win-Win-Situation für alle erreichbar.«[70]

Nicht nur für das revolutionäre Kaffeepad-System, auch für Quartiersmanagerinnen und Bezirkspolitiker ist Ding Dong ein Glücksfall. Führt es doch in Form eines Kunst-Party-Laborversuches vor, wie es sein könnte, wenn das erwünschte

Publikum das Gebiet massiv infiltriert. Man ist voller Hoffnung, dass das frisch gebackene Sanierungsgebiet Altona-Altstadt einen zügigen Gentrifizierungsprozess durchläuft. Bereits eine Studie aus dem Jahre 2004 hatte festgestellt, dass das Gebiet als Wohnstandort zunehmend von jungen Menschen, darunter Studierende und junge Kreative, nachgefragt wird. »Man sieht ja am Schanzenviertel, was das für eine Dynamik entfalten kann«, sagt Frau Regenstein vom Quartiersmanagement.

Nur ein paar Kaffeepad-Maschinen und eine Signatur am Eingang des Frappant verweisen darauf, dass das Festival eine Marketingmaßnahme ist. Doch dass das Produkt im Bild ist, ist am Ende nicht ganz so nebensächlich: Am Tag, nachdem Ding Dong das Frappant-Gebäude geräumt hatte, begehrt ein Fotograf mit Kaffeemaschine Einlass in die leeren Räume. Er hatte vergessen, während des Festivals die Geräte mit ins Bild zu rücken und muss dieses nun unter Orginal-Lichtverhältnissen nachholen, um das Kaffeepad-System dann per Computer in das eine oder andere Festival-Foto hineinkopieren zu können.

Der Kaffeepad-Szeneevent ist kein Einzelfall. Zur Jahrtausendwende entdecken Markenstrategen die Großstädte als Kulisse für Produktinszenierungen, die subkulturelle Aneignungsstrategien nachahmen. Am Beispiel von Nike-Kampagnen in Berlin und anderen Städten hat der Stadtforscher Friedrich von Borries gezeigt, wie diese Mimikry funktioniert. Zwischen 1999 und 2004 schafft der Sportartikel-Multi in Baulücken und U-Bahn-Schächten, in leerstehenden Hallen, auf öffentlichen Plätzen Erlebnisräume, die mit dem Charme des Subversiven arbeiten. Gefakte Verbotsschilder mit Sprüchen wie »Treten auf eigene Gefahr« oder »Es ist strengstens verboten, nicht auf dem Rasen zu spielen« regen 1999 in Berlin dazu an, sich Räume für spontane Street-Kicks zu erobern. Im September 2000 wird der nicht in Betrieb genommene U-Bahnhof unter dem Reichstag zum Austragungsort einer »Subground Battle« für Skateboarder, Basketballer und Fußballer. 2002 hält Nike in rund einem Dutzend Städte »geheime« Fußballturniere für Kids ab: Drei gegen drei, Spielzeit drei Minuten, das erste Tor gewinnt. Mit dem »Presto«-Club, dem »Spiritroom«-Showroom und durch die Finanzierung der Szenebar »WBM« macht sich Nike in Berlin dezent zum Paten für die urbane Klub- und Mode-Avantgarde. Für von Borries sind die Nike-Kampagnen Beispiel für Camouflage-Strategien, mit denen globale Unternehmen versuchen, ihre Marken »in vorhandene Erlebnis- und Identifikationsangebote zu integrieren«, statt sie nur als Kulisse für klassische Werbung zu nutzen:

»Cultural Camouflagen sind Undercover-Aktionen, bei denen die Marke nicht als Ausrichter, nicht als Sponsor erscheint, sondern als Teil des Quellcodes der Szene. Cultural Camouflage ist der Versuch, in den Quellcode der Zielgruppe zu gelangen, die Mechanismen des In/Out zu manipulieren. Die Markenstrategen versuchen, die Subkultur zu hacken.«[71]

Von Borries prophezeit 2004, dass die Marken »in Zukunft die wichtigsten, potentesten Akteure im urbanen Gefüge« werden. Doch der »Corporate Situationism«[72], die von globalen *Brands* temporär gefakten Erlebnisse von Aneignung, Umformung und Zweckentfremdung des Stadtraums setzt sich darin nicht als Mainstream durch. Die globale Konsumgüterindustrie interveniert in den Metropolen weiterhin eher mit klassischen Formen wie dem Sponsoring großer Sport- und Vergnügungsevents. Zwar agieren Marken wie Nike mit Bildern und Geschichten, die *Street Credibility* produzieren sollen, doch sammeln sie die entsprechende Community lieber kostengünstig in den sozialen Netzwerken des Web 2.0 ein als im realen Stadtraum.[73]

Dennoch ist die Gegenüberstellung des »alten«, planerischen Urbanismus und des »neuen«, emphatischen Urbanismus, wie er in den Nike-Kampagnen zum Ausdruck kommt, erhellend für die Debatte um die Stadt und ihre (sub)kulturellen Akteure. Die Planer, Politiker und Architekten der neoliberalen Stadt sind eher dem Paradigma des Themenparks verpflichtet – also einer Planung, die einer finanzkräftigen, konsumfreudigen Zielgruppe ihre Idealstadt baut. Dagegen produzieren die Camouflage-Strategen »Erlebnisräume« und »Identifikationsangebote«, die »tiefer in den Mechanismus von Stadt«[74] eingreifen, so von Borries:

»Im Zentrum dieses neuen Verständnisses von Stadt steht die Abwechslung, die fortwährende Neuinszenierung von Stadt, die das Erlebnis, die spontane Nutzung von Stadt sowie die Erprobung von Identität ermöglichen.«[75]

Die Techniken der kulturellen Camouflage beginnen im Standortmarketing der *Image City* aufzutauchen. Denn Retortenstädte wie Docklands, La Défense, der Potsdamer Platz oder die Hafencity funktionieren zwar als Immobilienverwertungsanlagen und als homogenisierte Wohn- und Arbeitswelt für eine globale Businessclass. Was ihnen fehlt, ist die »Lebendigkeit«, die verdichtete Unterschiedlichkeit, die Städte zu komplexen, überraschenden, interessanten Orten macht. Eben diese Aura von leidenschaftlicher Urbanität gilt es zu produzieren – als konkrete Erlebnisse, aber auch und vor allem als Bilderwelt. Nicht mehr der Markenschuh oder das Kaffeepad-System sollen sich in das Bewusstsein der Zielgruppe schleichen, sondern die Location selbst.

Zum Beispiel im Sommer 2002 in der Hamburger Hafencity, die zu diesem Zeitpunkt noch weitgehend Brachland ist: Für den »Media City Port« an der Kehrwiederspitze haben sich nach dem Platzen der New-Media-Blase im Frühjahr 2000 noch immer keine Mieter gefunden. Die Projektentwickler Euroland beauftragen die Agentur eventlabs mit dem Standort-Marketing für den Kaispeicher A, auf dessen Grundmauern der 28-Stockwerke-Glasturm entstehen soll. Die Agentur – Untertitel »Labor für emotionale Markenkommunikation« – schafft dafür eigens ein Eventlabel mit dem Namen »Rangavilas«, das im Frühjahr 2002 mit Guerilla-Marketing-Maßnahmen von sich Reden macht: An Szeneorten auf St. Pauli und im Schanzenviertel tauchen »Rangavilas«-Sticker auf. Das Logo, ein stilisiertes Stück Stacheldraht, deutet auf verborgene, exklusive Klubevents hin. Für die erste Party im Juni 2002 lässt die Agentur im Hamburger Klubleben kleine Alutütchen mit einer »ärztlichen Gebrauchsanweisung« und einer Access-Card im Kreditkartenformat verteilen: »Ein Antibiotikum gegen die Eintönigkeit der Hamburger Nächte.« Fünfhundert Auserwählte finden ein Lederportemonnaie mit Kleingeld, alten Flugtickets und Visitenkarten sowie der Rangavilas-Access-Card in ihren Briefkästen. Es folgt ein Sommer mit exklusiven Partys und hohem Promi-Faktor in den labyrinthischen Hallen des ehemaligen Kakaospeichers und mit einem sonntäglichen

»Beachclub« auf der zur Terrasse umgebauten Wasserseite. »Schon vor Baubeginn haben junge Hanseaten den Reiz des Kaispeichers A für Indoor-Partys und Outdoor-Sonnenkult entdeckt«[76], so kommentiert das *Lufthansa Magazin* ein Foto mit jungen, hippen Sonnenbrillenträgern, die vor der sonnenglitzernden Elbe die Gläser klingen lassen. Die auserwählte Crowd, die in aufwändigen Dekorationen ekstatisch feiert und vor sommerlicher Hafenkulisse chillt, liefert genau die Bilder, die man braucht, um den virtuellen Stadtteil als realexistierenden Hotspot zu bebildern. 2003 beauftragt die Hafencity GmbH[77] eventlabs mit der Errichtung einer temporären Kuppelzelt-Stadt auf dem noch unbebauten Strandkai, die dann drei Sommer lang als »die perfekte Sommerlocation«[78] urbane Hipster anlockt.

Die Tänzer, die Bässe, die DJs, die Prominenten, der Style, der Schweiß, der von den Betonwänden rinnt, die schönen Menschen, die am Fluss lagern: All das ist real. Das kulturelle Kapital muss nicht gefakt werden. Der Fake gilt nur der Aneignung: Es soll so aussehen, als hätte die Szene aus freien Stücken den neuen Stadtraum »entdeckt«. Als wäre der Ort, an den die Projektentwickler das Immobilienkapital locken wollen, das Objekt spontanen Begehrens. Was von den Sechzigern bis in die Neunziger unentdeckt und von unten geschehen ist, wird hier zum sorgfältig inszenierten Media-Coup. Die *Image City* macht sich auf den Weg zur Stadt der Leidenschaften.

Zwar ist den Bordmagazin-Bildern jede Erinnerung an Gegenkultur ausgetrieben. Von der Emblematik der Hippie-Camps der Sechziger und Siebziger, den illegalen Raves der Achtziger und Neunziger bleiben nur ein paar Accessoires: Tribal-Tattoos, Pilotensonnenbrillen, Fußkettchen, Tanktops. Die Beach-Club-Landschaften, die sich in der ersten Hälfte des neuen Jahrtausends an den Wasserfronten deutscher Städte ausbreiten, sind bloß partyeske Vorboten der Büro- und Apartment-Komplexe, die hier entstehen sollen. Dennoch ist das Phänomen verwunderlich: Ausgerechnet die neoliberale Stadt, die alle Ressourcen für die Allokation von globalem Anlagekapital mobilisiert, wirbt für sich mit Bildern von Klub-, Sub- und Offkulturen? Ausgerechnet die Nische, die mutmaßlich spontane Zwischennutzung, gilt im »Unternehmen Stadt« als Inbegriff des Urbanen?

Auch der US-Ökonom Richard Florida wundert sich, als er zu Beginn des Jahrtausends über den Campus der Carnegie Mellon University in Pittsburgh flaniert und dort einen Studenten kennenlernt, der eine bunt gefärbte Stachelfrisur trägt, tätowiert und gepierct ist. »Offensichtlich ein Slacker«, folgert Florida. Doch eben dieser Slacker hat soeben den bestdotierten Vertrag unterschrieben, der je einem Pittsburgher Informatik-Studenten angeboten worden ist. *Recruiter* einer Software-Schmiede aus Austin hatten ihn kontaktiert, zum Essen eingeladen und sogar für ein Party-Wochenende inklusive Bootstrip nach Texas geflogen. Florida erinnert sich an seine eigene studentische Vergangenheit:

»Was für eine Veränderung im Vergleich zu meiner College-Zeit, als die Studenten die feinsten Sachen angezogen und sorgfältig jedes Anzeichen von Gegenkultur versteckt haben, um den Anwerbern zu zeigen, dass sie sich anpassen können. Hier versucht eine Firma, sich den Studenten anzupassen.«[79]

Florida erkundigt sich, warum die Firma ausgerechnet einen so bunten Vogel rekrutiert habe. »Das ist einfach«, antwortet die Personalabteilung. »Wir wollten ihn, weil er ein Rockstar ist.«[80] Der Umworbene selbst weiß auch, was ihn nach Austin zieht: Es sind das Nachtleben, die Musikszene, die kulturelle und ethnische Vielfalt, die vielen jungen Leute, das Umland und die vergleichsweise günstigen Lebenskosten. Nach dem beschaulichen, mit vielen Parks, Museen, Konzertsälen und hübschen Mittelklasse-Stadtteilen versehenen Pittsburgh gefragt, verweist er auf den Mangel an Toleranz und Vielfalt in der Stadt. »Ich weiß nicht, ob ich da reinpasse«, sagt er.

Grunge-Bands, deren Mitglieder sich als High-Tech CEOs entpuppen, Topmanager, die Jimi Hendrix verehren, die langhaarigen Nerds, die mit ihren Garagenfirmen die Grundlage dafür gelegt haben, dass die südliche Bay Area zum »Silicon Valley« wurde: Floridas Buch *The Rise Of The Creative Class* ist voller solcher Anekdoten. Immer wieder geht es in dem Bestseller, der nach seinem Erscheinen im Jahre 2002 zur Bibel für Stadtentwickler geworden ist, um das gewandelte Verhältnis von Ökonomie und Gegenkultur. Florida erzählt die Geschichte der High-Tech-Hotspots in den USA als Geschichte von »kreativen« Szenen: »All diese Orte waren zunächst offen, vielfältig und kulturell kreativ. Erst dann wurden sie technologisch kreativ und schufen den Raum für neue High-Tech-Unternehmen und Industrien.«[81] Mit empirischen Erhebungen weist der US-Ökonom für die USA nach, dass die Städte mit erfolgreichen High-Tech-Zentren auch die sind, in denen sowohl der »Gay Index« als auch der »Boheme-Index« – die Dichte von Menschen mit künstlerischen Berufen – besonders hoch sind. »Talentierte Menschen suchen eine Umgebung, die das Anderssein akzeptiert«[82] – so lautete Floridas Erklärung dafür, warum eine lebendige Subkultur, ein interessantes Nachtleben, kleine Galerien, eine Schwulenszene und Off-Theater plötzlich Standortfaktoren sind. Wenn die Freaks und Bohemiens, die Gays und andere Paradiesvögel eine Stadt beleben, so die These, dann ist sie offensichtlich auch für Software-Entwickler, Industrie-Designer und High-Tech-Ingenieure lebenswert.

Florida teilt die Mitglieder der »kreativen Klasse« branchenübergreifend in zwei Gruppen: Zum »super creative core« gehören alle die, die »neue Formen und Designs« produzieren: Wissenschaftler, Ingenieure, Professoren, Künstler, Schriftsteller, Filmemacher, Architekten und Designer, aber auch die »Meinungsbildner« und »Vordenker der modernen Gesellschaft«[83], also Analysten, Journalisten, Medienleute, Researcher etc. Zu den »creative professionals« zählt Florida die Angestellten der »wissensintensiven Industrien« – also Unternehmensberater, Manager, Rechtsanwälte, Ärzte, Mitarbeiter von High-Tech-Firmen oder Finanzdienstleistern – Berufe, in denen es um »kreative Problemlösungen« geht. Jedenfalls in Floridas Diktion. Tatsächlich geht es um Problemlösungen, die *Urban Professionals* in den Ballungszentren des globalen Kapitalismus abverlangt werden. Weder der Automechaniker einer brasilianischen Favela, der ohne Originalersatzteile einen Siebziger-Jahre-Ford wieder zum Laufen bringen muss, noch die *Organizerin* der unabhängigen Dienstleistungs-Gewerkschaft, die einen Arbeitskampf mit prekär beschäftigten Putzleuten führt, noch der Projektleiter einer Jugendhilfe-Einrichtung, der an einem Drogenpräventions-Programm arbeitet, gehören dazu. Denn sie tragen nicht zum ökonomischen Aufstieg der Städte bei. Florida sondert aus den Berufen, Tätigkeiten und Szenen, die sich in Städten mit besonders dynamischem Wachstum verdichtet haben, die wirtschaftliche, wissenschaftliche und kulturelle Elite heraus, nennt sie die »kreative Klasse« und schwärmt von ihrer Dynamik: »Der Aufstieg der kreativen Klasse bringt die Sphären von Innovation (technologische Kreativität), Business (ökonomische Kreativität) und Kultur (künstlerische und kulturelle Kreativität) zusammen, und zwar in innigeren und kraftvolleren Verbindungen als je zuvor.«[84]

Die sozialen Implikationen streift Florida nur am Rande, doch er beschönigt sie auch nicht: »Wir haben herausgefunden, dass die Ungleichheit in den kreativen Epizentren der USA am größten ist«[85], heißt es bereits im Vorwort von *The Rise Of The Creative Class*. Ohne sich eingehender damit zu beschäftigen, bestätigt Florida ein Phänomen, das Saskia Sassen für die Metropolen New York, Tokio und London eingehend beschrieben hat: Das rasante Wachstum einer hoch bezahlten Businessclass bringt die »Informalisierung und Prekarisierung der Arbeit in vielen Bereichen« mit sich, so Sassen in *The Global City*[86]. Florida stellt gegen die Realität einer wachsenden sozialen Polarisierung in den Metropolen die Vision eines »kreativen Zeitalters«, in dem die Klassenunterschiede überwunden werden könnten:

»Manche halten die Vorstellung von einer kreativen Klasse für elitär. Doch die Existenz einer großen und wachsenden neuen Klasse von hoch bezahlten Kreativarbeitern ist nicht das Problem; vielmehr, so werfe ich ein, ist es ein gesundes Zeichen. Was dagegen elitär ist – sowie ungerecht, ineffizient und sogar gefährlich –, ist das Fortbestehen einer sozialen Ordnung, in der einige Leute als natürliche Schöpfer gelten, während andere leben, um ihnen zu dienen, ihre Ideen zu verbreiten und sich nach ihren persönlichen Bedürfnissen zu richten. (…) Die gute Nachricht ist, dass Kreativität sich allgemein in unserer Gesellschaft ausbreitet und weiter ausbreiten wird. Neue Organisationsformen, die aufgeschlossener für Kreativität sind, sind entstanden und haben sich etabliert, von den *No-Collar*-Arbeitsplätzen und der kreativen Fabrik zu entstehenden kreativen Communitys im ganzen Land. Wir müssen auf diesen Anstrengungen aufbauen und sie in alle Sphären der Gesellschaft bringen.«[87]

Der traditionelle Wirtschaftsliberalismus pflegt die soziale Frage mit dem Argument des *Trickle-Down*-Effekts abzuhaken: Je freier die Marktkräfte, desdo mehr kann das Kapital Reichtum akkumulieren, was letztlich allen Schichten zugute kommt. Der Floridarismus hat gegenüber dieser, durch die realen Effekte neoliberaler Politik in Misskredit geratenen Ideologie gewisse Vorteile: Er verspricht das *Trickle Down* nicht als ökonomisch messbares Wohlstandsversprechen, sondern als Sich-Ausbreiten von Innovationen – ausgehend von der »kraftvollen neuen Arbeitsethik«[88] der *Creative Class*. Den Städten, die ihre Politik an den Bedürfnissen dieser neuen Klasse orientieren, prophezeit er nicht nur Erfolg in der globalen Standortkonkurrenz, sondern auch ein tolerantes und offenes Gemeinwesen, das alle sozialen Gruppen einschließt. »Die unter uns, die Tag und Nacht am Computer arbeiten, brauchen die Reinigungskräfte, die Lieferdienste und viele andere in der Dienstleistungsökonomie«, so Florida. »Aber es gibt keinen Grund, warum all diese Arbeiten Routinejobs sein müssen, und keinen Grund, warum sie nicht besser bezahlt werden sollten.«[89]

So modernisiert Floridas urbane Heilslehre den Neoliberalismus. McJobs und Kreativität, Management-Effizienz und Nonkonformismus, Dienstleistungsökonomie und Selbstverwirklichung: All diese Gegensatzpaare fließen in einem »neuen Mainstream«[90] zusammen. Nicht mehr die Märkte sollen das Heil bringen, sondern die *Creative Class*, in deren Lifestyle sich all die ökonomischen und sozialen Paradigmen kristallisieren, die zu einer erfolgreichen Polis gehören. Die These macht ihren Erfinder zum hoch bezahlten globalen Shootingstar, der als Keynote-Speaker und Berater von Städten und Regionen um die Welt reist. Seit Florida beherrscht die Rede von der »kreativen Klasse« die Städte-Rankings. Die *FAZ* überschreibt ihre Rangliste »Deutschlands lebendigste Städte« mit der Frage »Wohin zieht es die kreative Klasse?«[91]. 2007 machen die Grünen in Hamburg Floridas Thesen zum Parteiprogramm für den Wahlkampf zur Bürgerschaftswahl. Im »Leitbild Kreative Stadt« der GAL Hamburg heißt es:

»Förderung von Kreativität, das ist die erste Herausforderung in einer Welt mit ständigem Wandel. Weil das so ist, haben die Künste eine ganz neue Bedeutung gewonnen. In den

Künsten ist Herausforderung der menschlichen Kreativität Programm. Die Entfaltung der Künste wird deshalb immer erkennbarer zum Schlüssel auch für den wirtschaftlichen Erfolg großer Städte.«[92]

Im selben Jahr beauftragt der Hamburger Senat die Unternehmensberatung Roland Berger, ein Konzept zu entwickeln, wie Floridas Thesen auf die Hansestadt anwendbar seien. Neben anderen Dingen regen die Unternehmensberater an, die Kultur- und Kreativwirtschaft – in ihren Augen »Katalysatoren für Innovation / Kreativität« – aktiver zu fördern sowie die existierenden Sub- und Szenekulturen und ihre Viertel stärker zu vermarkten. »Stadtviertel wie die Schanze unterstützen ein Image als weltoffene und tolerante Stadt«[93], heißt es in dem Gutachten.

Die Image City entdeckt den Bohemien als Insignium metropolitaner Coolness und Vielfalt. Die DJs, die Musiker, die freien Künstler und Filmemacher, die Mode- und Theaterleute, die Slam-Poeten, die kleinen Läden, Klubs und Galerien und ihre Communitys stehen nicht nur für ein interessantes Umfeld, sondern für das coole Off, das nonkonformistische Andere im Stadtraum. Hier leben und arbeiten die Underdogs, die man schätzt und die gleichzeitig der Metropole eine Aura von konsumierbarem Ausnahmezustand geben, von hipper Prekarität. So erklärt sich, warum die unternehmerische Stadt für ihre Bildproduktion neben den Großevents auch die Subkulturen braucht, um die »Unverwechselbarkeit des Standortes zu einem internationalen Markenzeichen entwickeln zu können«[94]. Gerade weil die Konsum- und Entertainmentwelten sich immer mehr globalisieren und ihre Standorte immer homogener und austauschbarer aussehen lassen, muss cleveres Standort-Branding einen Schwerpunkt auf das Andere und Besondere legen. So platzieren die Kulturpolitiker in den meisten deutschen Metropolen ihre Fördermittel für freie Kulturprojekte mittlerweile so, dass die erwünschten Ausnahmezustände dort entstehen, wo die Standortentwicklung sie braucht.

Die unternehmerische Stadt nimmt Kultur in ihren Dienst – als »Katalysator«, der unerwünschte Wirkungen herausfiltert und die erwünschten übrig lässt. In Hamburg wird ein Teil des noch unbebauten Strandkais in der Hafencity zum Standort für ein zweiwöchiges Festival mit dem Titel »subvision. kunst. festival. off«, das »künstlerische Strategien jenseits des etablierten Kunstbetriebes« verspricht. Gerade in der Retortenstadt, an dem reale Off-Orte nicht vorgesehen sind, soll ein temporäres »Off« eine »außergewöhnliche Situation des Ausstellens und des Zusammenkommens«[95] herstellen. Das ist der Hamburger Kulturbehörde im Jahre 2009 fast den gesamten Etat für »Kunst im öffentlichen Raum« wert.

Dort, wo »verstärkt soziale Entmischungsprozesse« zu beobachten sind – gemeint sind natürlich nicht die durch Wohlstand sozial »entmischten« Stadtteile, sondern die Großsiedlungen an der Peripherie –, sollen kulturelle Zwischennutzungen »Chancen für positive Wahrnehmungen bisher problematischer Räume bieten und so positive Impulse setzen«[96]. Der Künstler hat symbolisch die Lücke zu füllen, die der Rückzug wohlfahrtsstaatlicher Politik hinterlässt. Er soll zum verlängerten Arm des aktivierenden Sozialstaats werden, der nicht die soziale Lage verbessert, sondern die Wahrnehmung und den Umgang mit dieser.

Nicht zuletzt können die von stadtplanerischer Seite angestoßenen und organisierten Kunstprojekte den Stadtentwicklungsvorhaben die Aura des Diskursiven geben. Am Beispiel Hamburg: 2002 beschloss der Senat der Hansestadt im Rahmen des »Leitbilds Wachsende Stadt«, die südlich der Elbe gelegenen, eher randständigen Stadtteile »mit der nördlichen Kernstadt zu verknüpfen«[97], Motor für den »Sprung über die Elbe« ist die »Internationale Bauausstellung Hamburg« (IBA), für die der Senat ein Sondervermögen von 100 Millionen Euro aufgelegt hat. 2007, im ersten Jahr ihres Bestehens, finanzieren die IBA und die Kulturbehörde mit rund 180 000 Euro einen »Kunst & Kultursommer«: Sechzig Kunstprojekte, die »mehr als 40 Orte zur Bühne der Stadt« machen. Mit Genugtuung stellt die IBA Hamburg GmbH fest:

»Kulturelle Highlights und Projekte der Vielfalt waren so angelegt, dass sie die Aufmerksamkeit der Hamburgerinnen und Hamburger sowie der Menschen aus der Region auf die Stadtteile Veddel, Wilhelmsburg und den Harburger Binnenhafen und die Internationale Bauausstellung lenkten – am Ende des Präsentationssommers sollte ein hoher Prozentsatz der lokalen

Bewohner und der Hamburger ein positiv verändertes Bild der Elbinseln haben, sie als aufstrebende Stadtteile und die Internationale Bauausstellung als deren Motor und Chance der Entwicklung wahrnehmen.«[98]

Die Erfolgsmeldung mag überzogen sein. Dennoch sind die Kosten-Nutzen-Relationen solcher Stadtbespielungen konkurrenzlos günstig – was nicht zuletzt am Arbeitsethos und der Konkurrenzsituation in der freien Kulturszene liegt, aus der sie sich rekrutieren. Die sich von Projekt zu Projekt hangelnden freien Künstler sind gewohnt, die kargen Fördersummen mit Idealismus, Selbstausbeutung und Brotjobs zu ergänzen.

Gerade auch ihr dissidentes Potenzial schafft einen Imagegewinn für den stadtentwicklungspolitischen Rahmen, in dem solche Kulturprojekte stattfinden. Avancierte Planer verlangen von der Kunst, die sie fördern, nicht nur das Spektakel und das Ornament, sondern auch kritische Auseinandersetzung und Aktivierung des sozialen Umfelds, in dem sie agiert. Städte funktionierten »nicht nach dem Motto: Ich mache jetzt die Häuser schön und die Straßen hübsch, dann wird sich der Rest schon regeln«, erklärt etwa der IBA-Geschäftsführer Uli Hellweg in einer Broschüre über *Kunst und Stadtentwicklung*. Das Interventionsinstrumentarium müsse »viel, viel komplexer« sein. Nicht zuletzt mit den »Initiativen im kulturellen Bereich« versuche man die »Gestaltung sozialer Prozesse« voranzubringen.[99] Wo die unternehmerische Stadt ein »Areal für Wachstum und Entwicklung der Stadt«[100] definiert, soll die Künstlerkritik auch dazu beitragen, der Unternehmung etwas gesamtgesellschaftlich Prozesshaftes zu geben. Das eigentliche Ziel definiert der IBA-Chef gegenüber dem exklusiven Teilnehmerkreis des »Immobilien-Symposium Hamburg« im Vier-Sterne-Hotel Riverside Empire ganz unverblümt: Es gehe darum, »die Elbinseln aufzuwerten und als Investitionsstandort attraktiv zu machen«[101].

Womit wir wieder in der Großen Bergstraße landen, jener angejahrten Einkaufsstraße in Hamburg-Altona, in der Off-Kultur seit 2005 erfolgreich »zu einer Stabilisierung und Belebung«[102] der Resterampen-Brachlandschaft beiträgt, wie die Lokalpolitik gerne attestiert. Parallel zu den Künstlerprojekten und

Kulturveranstaltungen hat das Quartiersmanagement-Büro im Erdgeschoss des zwischengenutzten Forum Altona eine »Ideenwerkstatt« eingerichtet. Ein Beteiligungsprozess, wie er in deutschen Metropolen seit den Neunzigern üblich und zum Teil auch gesetzlich vorgeschrieben ist: Anwohnerinnen und Anwohner sind zu Planungs- und Ideenworkshops aufgerufen; dort können sie ihre Wünsche äußern, zur Diskussion stellen und ausarbeiten. An der Pinnwand des Quartiersmanagements steht, was ihnen eingefallen ist: »Eine Große-Bergstraßen-Universität gründen« zum Beispiel, oder auch »preiswerte große Wohnungen«.

Die von einem Stadtentwicklungsbüro fachmännisch erarbeiteten Sanierungsziele sehen natürlich anderes vor: »Schaffung zusätzlichen Wohnraums für Haushalte mit höherem Einkommen«, heißt es dort nur ein paar Spiegelstriche unter »Förderung von Künstlerprojekten«[103]. Was her muss, damit die Siebziger-Einkaufszone mit den von Taubenkot verunstalteten Betonburgen endlich zum florierenden, attraktiven City-Center wird, ist den Lokalpolitikern ohnehin schon klar: Ein Ankermieter muss her. Ankermieter, erläutert Frau Regenstein vom Quartiersmanagement, sind große Ketten, die die kleinen Einzelhändler nach sich ziehen. Auch »Frequenzbringer« genannt.

Anfang 2009, nach diversen gescheiterten Versuchen, taucht endlich der erhoffte Ankermieter und Frequenzbringer auf: Der Möbelriese Ikea kündigt an, auf dem Areal des Frappant-Komplexes Deutschlands erste innerstädtische Filiale zu errichten. Medien und Politik sind begeistert, dass das globale Einrichtungshaus den »Gruselklotz«[104] abreißen und »Altona aufwerten«[105] will. Im Viertel regt sich Protest gegen die Ansiedlung des Möbelgiganten, worauf sich die Reihen der Bezirkspolitiker schließen. Der Stadtteil sei »dem Niedergang geweiht«, erklärt die Vorsitzende der Grünen (GAL) auf einer öffentlichen Anhörung im September 2009, und ihr CDU-Kollege ergänzt: »Wir werden alles dafür tun, damit sich Ikea hier ansiedeln kann.« Auch die SPD-Opposition schließt sich der Position der schwarz-grünen Bezirksregierung an: »Ich halte es für eine soziale Lösung, wenn man tatsächlich Geschäfte vor Ort hinbringt, die Waren zu bezahlbaren Preisen verkaufen«, vermeldet der sozialdemokratische Fraktionsvorsitzende. Die rund 140

Künstler, Fotografen, Architekten und sonstigen Mitglieder des »Frappant e.V.«, die in den ungeheizten Räumen ihre Ateliers und Büros unterhalten, haben ihre Schuldigkeit getan und erhalten die Kündigung. Als der Frappant e.V. beginnt, sich für den Erhalt des Gebäudes einzusetzen und ein Bürgerbegehren gegen Ikea zu unterstützen, wird der Ton rauer. Die Forderung nach einem Soziokulturzentrum statt des Möbelhauses sei eine »Eselei«, erklärt ein SPD-Lokalpolitiker. Schließlich sei ja bekannt, »dass sich das Gebäude in Privatbesitz befindet und freischaffende Künstler die Mieten an diesem Standort nicht bezahlen könnten«. Mit ihrem Widerstand gegen Ikea gefährdeten die Künstler ihren Ruf als Zwischennutzer, so ein SPD-Politiker: »Ich könnte jeden Eigentümer verstehen, der eine kulturelle Zwischennutzung ablehnt, weil er befürchten muss, dass ein Bürgerbegehren den Immobilienwert vernichtet.«[106] Die Hamburger Wirtschaft sieht gleich den ganzen Standort gefährdet, sollten die Künstler- und Anwohnerproteste Erfolg haben. Ein Nein für Ikea in Altona wäre »ein sehr negatives Signal für alle, die in Hamburg investieren wollen«[107], warnt der Sprecher der Handelskammer Hamburg. Im Sommer 2009 initiiert die Einzelhändler-Interessensgemeinschaft der Großen Bergstraße ein »Pro Ikea«-Bürgerbegehren. Mit Unterstützung aller Parteien außer der Linksfraktion argumentiert die Initiative, durch den Möbelgiganten werde der Stadtteil »nachhaltig belebt und attraktiver«. Die *Bild*-Zeitung unterstützt die Kampagne nach Kräften und »entlarvt die Lügen der Ikea-Gegner«[108]. Die Saat geht auf: Bei einem Bürgerbegehren im Januar 2010 sprechen sich 77 Prozent der Stimmen im Bezirk Altona für das schwedische Einrichtungshaus in der Großen Bergstraße aus.[109] In der Anonymität von Zeitungs-Webforen macht sich der Volkszorn gegen die »Linken« Luft, die »mal wieder eins von den Bürgern auf den Deckel bekommen« haben. Man freut sich darauf, dass mit Ikea endlich die »Handyläden und Dönerbuden« verschwinden und ein »Rückgang des ausländischen, vor allem türkischen Bevölkerungsanteils«[110] bevorsteht.

Der Fall Ikea in Hamburg-Altona lehrt ein paar Wahrheiten über das Verhältnis der *Image City* zur real existierenden Stadt. Eine davon ist offensichtlich: Wenn »kreative« Aufwertung zum

Hindernis für Verwertung wird, zeigen sich die wirklichen Machtverhältnisse. Der kulturell-demokratisch-partizipatorische Komplex – jene typische Melange aus Anwohneraktivierung und künstlerischer Zwischennutzung – steht dem gegenüber, was der Berliner Sozialwissenschaftler Andrej Holm die »Immobilien-Verwertungs-Koalitionen« der neoliberalen Stadt nennt, »die weite Teile von Investorengruppen, der Bauwirtschaft, der finanzierenden Banken und einen Großteil der politischen Klasse umfassen«[111].

Im Falle Ikea: Die globale Konzernstrategie des Einrichtungskonzerns sieht vor, sich von der »grünen Wiese« in Richtung der Stadtzentren zu bewegen. Die Auswertung der Kundendaten habe ergeben, dass die Kunden überwiegend aus dem Umland kommen, erklärt Ikea-Entwicklungschef Armin Michaely auf einem »Ideen-Workshop«[112]. Die Ansiedlung der Ikea-Filiale im Zentrum von Altona-Altstadt sei ein Pilotprojekt mit dem Ziel, eine »Penetration der Innenstadt« zu erreichen. Ob die Innenstädte weitere Einrichtungshäuser brauchen oder ob die Strategie nicht vielmehr ein Schritt im Konkurrenzkampf der Möbelketten um Marktanteile ist: Darüber gibt es keine unabhängigen Evaluationen. Das Recht auf Innenstadt, das Ikea sich nimmt, wird von den politischen Verantwortlichen an keiner Stelle hinterfragt. Stadtentwicklungspolitische Realpolitik heißt: den Weg dafür zu ebnen, dass Immobilienverwertung stattfindet.

Dazu gehört, neben planrechtlichen Befreiungen und einer kreativen Auslegung von Bebauungsplänen, auch der Umgang mit den Hoffnungen und Erwartungen, die Beteiligungsverfahren und kulturelle Bespielung geschürt haben. Die sind, kurz gesagt, nicht besonders hoch. Da sich die Frage »Wie werden wir leben?« am Ende doch über die Investitionssumme entscheidet, wandern die eingesammelten Bürgerwünsche meist in den Papierkorb. Auch hier sind die Verhältnisse in der Großen Bergstraße in Hamburg-Altona beispielhaft: Nach sieben Jahren Quartiersmanagement mit Partizipations- und Workshop-Angeboten, die unzählige kosmetische Belebungs- und Säuberungsversuche der Einkaufsstraße nach sich gezogen haben, ist man in der Anwohnerschaft völlig illusionslos. »Da passiert ja doch nichts«, lautet die typische Reaktion von Passanten, wenn man sie auf den von Immobilienfonds zu Immobilienfonds wandernden Frappant-Komplex anspricht. So produziert der Rückzug der öffentlichen Hand die Enttäuschung, die Großinvestoren zu Heilsbringern und die Privatisierung von Stadtentwicklung zur besten Lösung werden lässt. Zumal dann, wenn es sich um einen Investor wie Ikea handelt, dessen Produkte sich alle leisten können und dessen Häuser nach dem Prinzip Disneyland aufgebaut sind: eine familienfreundliche Erlebniswelt, die vom Bällebad bis zum Schnellrestaurant und den Schnäppchen-Hotdogs die Besucher mit Angeboten umsorgt, die sie im öffentlichen Raum nicht finden. Ikea-Filialen seien »ein besserer Ort und Treff als manch verödete und vor allem menschenleere Innenstadt«[113], schreibt eine Anwohnerin im Leserforum der Tageszeitung *Die Welt*.

Das ist die andere schaurige Wahrheit: Die Kreativstadt mit ihren lebendigen, subkulturellen Szenen ist nur der schöne Schein der Gentrifizierung. Nicht die Sorge um Lebendigkeit, Kleinteiligkeit und Nachhaltigkeit, um Toleranz, Vielfalt und Offenheit ist treibende Kraft städtischer Politik in der neoliberalen Stadt. Stattdessen lenkt die Politik ihre Ressourcen darauf, die Bedingungen dafür herzustellen, dass sich die Stadt als Verwertungsraum für hochtourigen Massenabsatz bewährt. Die klassisch gentrifizierten Viertel mit ihren sanierten Gründerzeithäusern, den Bioläden und Boutiquen mögen das Ideal von »Aufwertung« und »Belebung« sein. Die Realität der Stadt aber ist die Privatisierung durch globale Franchise-Gastronomie, Malls, Megastores und andere »Frequenzbringer«, die Straßen und Plätze in Shoppingzonen verwandeln. Zur Aufgabe neoliberaler Stadtentwicklung gehört es, die toten Winkel, die auf dem Immobilienmarkt geparkten Schandflecke und Problemzonen dieser Sorte ökonomischer Verdichtung zuzuführen. Dafür mag anfangs die Zwischennutzung durch Off-Kultur nützlich sein, weil sie eine Öffentlichkeit produziert, die das negative Image überlagert. Statt der »schlechten« Homogenität der im Stadtentwicklungsdiskurs sprichwörtlichen »A-Gruppen« (Arbeitslose, Arme, Alte, Ausländer) prägt temporär kulturelle Heterogenität das Bild.

Damit eine Gegend auch auf dem Immobilienmarkt als lohnenswertes Aufwertungsgebiet gilt, ist nun allerdings wieder eine Entmischung nach oben hin angezeigt. Denn was eine Lage lukrativ macht, ist weniger ihr Image als die »soziale Homogenität der Nachbarschaften«, wie Andrej Holm in seiner Analyse der sogenannten »Rent Gaps« (Ertragslücken) in Gentrifizierungsprozessen argumentiert. In Aufwertungsgebieten, so Holm, »leiten sich die Bodenpreise nicht mehr aus den aktuell erzielten, sondern vor allem aus den künftig erwarteten Einnahmen ab«[114]. Die Ansiedlung eines »Ankermieters« wie Ikea signalisiert dem Immobilienmarkt und zukünftigen Investoren, dass im Viertel eine lukrative Zukunftswette zu machen ist. Damit sie aufgeht, muss die Homogenisierung gelingen. Weshalb schließlich auch interessierte Geschäftsleute und brave Mittelständler zu Eiferern der Gentrifizierung werden, wenn es um unerwünschte Personengruppen geht. So meldet sich im Sommer 2010 in Altona-Altstadt ein breites Bündnis von Gewerbetreibenden, Einzelhändlern und bürgerlicher Anwohnerschaft mit dem Namen »Unser Altona« zu Wort. Man nimmt »mit Freude zur Kenntnis«, dass mit Ikea »die von allen Parteien gewünschte Aufwertung der Neuen Großen Bergstraße und der angrenzenden Straßenzüge« ihren Gang nehme. Und empört sich gegen die geplante Ansiedlung einer Drogenhilfeeinrichtung im Einzugsgebiet, die den Nachzug »von Dealern und kriminell Aktiven« befördere und damit wieder einen »Teil des Stadtteils von der positiven Entwicklung«[115] abschneide.

Kapitel 5
Komm in die Gänge oder
Wunder in der Stadt der Tiefgaragen

Wäre die Stadt ein Gebiss, dann wäre diese Ecke hier ihr überkronter Schneidezahn. Büropaläste in Glas und Stahl säumen die Straße, dazwischen Verwaltungsgebäude im klassischen norddeutschen Klinker. Die Firmenschilder verzeichnen internationale Versicherungs- und Immobilienmakler, Coaching- und IT-Finanzdienstleister, Rechtsanwaltskanzleien, Zeitarbeitsfirmen und Marketingagenturen. In den Erdgeschossen verkaufen Coffee-Shops und Franchise-Gastronomien Bagels, Wraps, Caffè Latte und Sushi-to-Go. »Jede Suppe ein Erlebnis« verspricht das »Soup & Friends«-Stehrestaurant. Vor dem Unilever-Hochhaus klafft eine riesige Baugrube. Der kleine Park, der das denkmalgeschützte Hochhaus von 1963 ganz im Sinne der Nachkriegsmoderne mit gefälligem Abstandsgrün gerahmt hat, muss einem neuen Gebäude weichen. Die Fondsgesellschaft »Union Investment« will aus dem Klassiker ein *Landmark Building* mit dem klangvollen Namen Emporio machen. Die Zukunft des Komplexes zeigt ein Videoclip im Internet: »Exklusive Apartments verbinden Arbeiten, Wohnen und Freizeit in einem Gebäude«[116], säuselt eine sonore Männerstimme, während die Kamera schwungvoll durch die virtuelle Architektur fährt. Vorbei an weißen Ledersofas, Flachbildschirmen und einem großzügigen Empfangstresen, durch lichtdurchflutete Großraumbüros, über filigrane Freitreppen bis hinauf in den obersten Stock zur »Skylounge«-Bar, wo computeranimierte Anzugträger eifrig Hände schütteln. Das Emporio, verspricht der Clip, ist auf dem Weg zur »ersten Adresse für das Arbeiten in kreativer Atmosphäre« und wird einem »von innerstädtischer quirliger Vitalität gekennzeichneten Platz« den passenden Rahmen verleihen.

In Wahrheit ist es in dieser Gegend so unbelebt wie in den meisten Innenstädten europäischer Metropolen. PKW-Kolonnen suchen ihren Weg in die Parkhäuser der nahegelegenen Shopping-Passagen, ab und zu eilen Angestellte mit Coffee-to-Go-Bechern vorbei. An jedem dritten Gebäude hängen Werbeplanen, die »hochwertige Büroflächen« mit Slogans wie »Hier spielt die Musik« oder »Arbeiten auf hohem Niveau« feilbieten. Nur eines der Banner fällt aus dem Rahmen. Es hängt an einem vor Jahren eingerüsteten Gründerzeit-Wohnhaus mit schmutziger Fassade:

»10 000 Quadratmeter unsaniertes Wohn- und Arbeiterquartier, seit Jahren für Sie leer. Ab null Euro den Quadratmeter. Schon zu 80 Prozent kreativ belegt.«

Dort, wo bei den anderen Bannern das Logo des Maklers steht, ist hier ein roter Punkt zu sehen. Darauf steht in weißer Schrift: »Komm in die Gänge« – das Markenzeichen des wohl berühmtesten Häuserkampfes im ersten Jahrzehnt des neuen Jahrtausends: die Besetzung des Hamburger Gängeviertels. Im Innenhof hinter dem Gebäude – von den Besetzern »Kupferdiebehaus« getauft, weil hier immer wieder Kupferrohre verschwanden – erklärt René Gabriel einer Besuchergruppe, was die »Komm in die Gänge«-Initiative mit dem Viertel vorhat. Der 34-Jährige, der an der Hafencity-Universität Stadtplanung studiert, sieht nicht so aus, wie man sich einen Hausbesetzer vorstellt. Er trägt einen ordentlichen Kurzhaarschnitt, eine Windjacke und wählt seine Worte sorgfältig. »Wir wollen hier einen öffentlich zugänglichen soziokulturellen Raum schaffen. Hier darf kein Starbucks und kein H&M hinkommen!« Einzig ein Dreitagebart und die Ringe unter den Augen lassen erahnen, dass er seit Monaten ein rastloses Leben führt. Hinter ihm ragt ein Fabrikgebäude aus dem Jahr 1903 in die Höhe, in dem einst Gummi-, Metall- und Holzwaren hergestellt wurden. Ein letztes Überbleibsel der industriellen Stadt mitten im Office-Distrikt. »Der Investor wollte das mit zwei Stockwerken in Glas, Beton und Stahl aufstocken«, erklärt Gabriel. »Überall hier versucht man mit Höhe und Dichte Boden in Wert zu setzen.« Vier Mal muss er an diesem Sonntagnachmittag durch die winkeligen Innenhöfe führen. Ältere Damen mit Silberlocken, Studenten, Lehrer-Ehepaare in Wachsjacken, sogar Touristen kommen und schauen sich das besetzte Viertel an, das zum Star des deutschen Feuilletons geworden ist. *Die Zeit*, die *Süddeutsche*, die *Berliner Zeitung*: Überall in der Republik spricht man vom »Wunder von Hamburg« und bestaunt den Überraschungscoup, den die Besetzerinnen und Besetzer im Sommer 2009 landen konnten.

Unter dem Slogan »Komm in die Gänge« hatten sie am 22. und 23. August zu einem »Hoffest« in das langsam verfallende historische Arbeiterviertel eingeladen. »Über hundertfünfzig Künstler und Kreative«, heißt es in einer Erklärung, »bespielen ab Samstagmittag das Gängeviertel mit ihren Bildern, ihrer Musik und ihren Performances, um dieser Stadt zu zeigen, welches Potenzial hier an seiner Entfaltung gehindert wird.« Das Fest geht zu Ende – doch die Gastgeber machen keine Anstalten, ihre Installationen abzubauen. Von einer »Besetzung« will niemand sprechen. Man bleibt einfach. Am Montag erscheinen ein paar Herren von den städtischen Liegenschaftsverwaltern SAGA und Sprinkenhof AG, beschweren sich lauthals und kündigen »Maßnahmen« an. Doch die bleiben aus – und nicht nur das. Noch am selben Tag versichert die Sprecherin der Hamburger Kulturbehörde, es habe »zu keinem Zeitpunkt« seitens der Behörden eine Anforderung »zur Räumung oder Durchführung anderer polizeilicher Maßnahmen gegeben«. Statt Wasserwerfern und Polizeiknüppel kommen Solidaritätsnoten. Der Malerstar Daniel Richter hatte sich schon im Vorfeld als Schirmherr zur Verfügung gestellt, Filmemacher Fatih Akin unterstützt öffentlich die Aktion – und selbst die Hamburger Kultursenatorin bekundet »großes Verständnis«.

Ein erstaunlicher Vorgang. Denn eigentlich gilt seit fast drei

Jahrzehnten in deutschen Großstädten: Jedes besetzte Haus ist innerhalb von 24 Stunden zu räumen. Mit der »Berliner Linie«, 1981 durchgesetzt vom damaligen CDU-Innensenator Heinrich Lummer, wollte man einer Bewegung Herr werden, die damals »zum allgemeinen Volkssport der jüngeren Generation«[117] geworden war, wie es in einem zeitgenössischen Bericht heißt. In Kreuzberg und anderen Stadtteilen hatten Squatter in nur drei Monaten rund hundert abrissbedrohte Altbauten »instandbesetzt«. Doch auch in Göttingen, Nürnberg, Düsseldorf, Hamburg und Tübingen gab es Besetzungen. Die ersten Häuserkämpfe fanden im Frankfurter Westend der frühen Siebziger statt. Anfang der Sechziger hatte die damalige sozialdemokratische Stadtregierung das ehedem großbürgerliche Gründerzeit-Viertel zum Entwicklungsgebiet für Büroneubauten erklärt. Für Immobilienspekulanten war das die Einladung, Wohnhäuser verwahrlosen und leerstehen zu lassen bzw. bis zum Abriss kurzfristig an migrantische Familien zu vermieten, die auf dem Wohnungsmarkt sonst wenig Chancen hatten. 1971/72 wehrten sich rund 1500 italienische, jugoslawische und türkische Bewohnerinnen und Bewohner im Westend mit einem Mietstreik gegen die unzumutbaren Verhältnisse. »Von ihnen konnten hohe Mieten verlangt werden, obwohl sie in Abbruchhäusern wohnten, an denen nicht einmal minimalste Reparaturen vorgenommen wurden«[118], schreibt der Soziologe Serhat Karakayali. Bei der vermutlich ersten Hausbesetzung in der Bundesrepublik im Herbst 1970 waren es drei italienische, eine türkische, eine spanische Familie, eine achtköpfige deutsche Familie, ein paar Studenten und ein Filmkollektiv, die ein Wohnhaus in der Eppsteiner Straße 47 für besetzt erklärten. »Die Spekulanten zwingen die Bewohner, durch willkürlich hochgesetzte Mieten die Häuser zu verlassen, erpressen von Fremdarbeitern Rekordmieten für verwahrloste Räume, lassen dringend benötigten Wohnraum monatelang leerstehen, verweigern die Beheizung, demolieren die Installationen, bis die Häuser unbewohnbar sind. Dann reißen sie die Gebäude ab und bauen Bürosilos für Großkonzerne«[119], heißt es in einem Flugblatt der Besetzer.

Der Begriff »Gentrifizierung« war seinerzeit höchstens einer Handvoll Soziologen bekannt. Doch worum es sich drehte, ver-

mochten die Besetzer recht präzise zu beschreiben: »Der Wohnraum wird knapper – die Mieten steigen weiter – Arbeiter und
Studenten sind die ersten Betroffenen; dann geht es weiter:
die kinderreichen und weniger bemittelten Familien müssen
die Stadt verlassen, um außerhalb billigere Wohnungen zu finden. Die Berufstätigen sind noch länger unterwegs, um zu ihrem Arbeitsplatz zu gelangen.«[119] Lehrlinge, Studenten, migrantische Mieter, linksbürgerliche Bürgerinitiativen, aber auch
die militante Sponti-»Putztruppe« um den späteren deutschen
Außenminister Joschka Fischer kämpften seinerzeit gegen eine
technokratische, lobbygesteuerte Stadtplanung, die die Altbauviertel zugunsten von Bürohochhäusern opfern wollte. Letz-
teres konnten sie zum Teil verhindern. Doch wer heute im
Frankfurter Westend nach Arbeitern, Studenten und den »weniger bemittelten« Familien sucht, die seinerzeit für bezahlbaren Wohnraum kämpften, der sucht vergeblich. Längst ist der
Stadtteil eines der teuersten Wohn- und Bürogebiete Frankfurts.
»Wenn die Geldinstitute Dienstschluss haben, vergnügt sich der
Stadtteil im Rothschild- und im Grüneburgpark oder geht in ge-
hobener Preisklasse essen«[120], so heißt es auf der Website des
Westends heute.

Ironie der Geschichte: Vierzig Jahre später erfährt der Häuser-
kampf ausgerechnet mitten in einer solchen innerstädtischen
Premiumlage eine Wiedergeburt. Doch das ist kein Zufall. Die
Besetzer des Gängeviertels, von denen viele zuvor als Zwischennutzer in ehemaligen Industriebrachen und Abbruchhäusern gelebt und gearbeitet haben, wählen bewusst einen Teil der
Stadt, den die Linke und die Subkultur längst als von allen guten Geistern verlassene Konsumzone abgeschrieben haben. Im
letzten löchrigen Zahn der blankpolierten City-Krone wollen
sie ein Schlaglicht werfen auf die neoliberale Stadt und ihren
Umgang mit Geschichte, mit Baudenkmälern. Vor der Besetzung haben sich höchstens ein paar Denkmalschützer, Hobby-
Heimatforscher und Lokalreporter für den historischen Wert des
Ensembles interessiert. Den Direktiven der damaligen Regie-
rungskoalition aus CDU und der rechtspopulistischen Schill-
Partei folgend, hatte die Finanzbehörde der Freien und Hansestadt das Areal Anfang 2003 im Höchstbieterverfahren verkauft.

Der hohe Kaufpreis belastete das Grundstück mit einem erheblichen Renditedruck, was dazu führte, dass der erste Käufer es als Spekulationsobjekt verfallen ließ und schließlich an den niederländischen Immobilienfonds Hanzevast weiterverkaufte. Doch auch die Holländer unternahmen zwei Jahre lang nichts. Die städtischen Verwalter beschleunigten unterdessen noch den Verfall. Immer wieder, so berichten die Besetzer, ließen die Mitarbeiter der Wohnungsbaugesellschaft SAGA im Winter die Fenster entmieteter Wohnungen offen stehen, damit feuchte Wände die Gebäude schneller reif für den Abriss machen. Der wäre wahrscheinlich schon vollzogen – hätte nicht die Wirtschaftskrise dem Investor einen Strich durch die Rechnung gemacht. Im Juli 2009 schreibt Hanzevast der Finanzbehörde, dass man das Vorhaben nicht ohne einen Partner realisieren könne. Was die Holländer vorhatten, war ohnehin kaum besser als der Abriss: Achtzig Prozent der Altbausubstanz sollte weichen, nur ein paar Fassadenelemente, dekorativ zwischen die bis zu neun Stockwerke hohen Bürotürme platziert, sollten übrig bleiben. Obwohl die meisten der Gebäude denkmalgeschützt sind, befreite die Stadt das Bauprojekt weitgehend von städtebaulichen Auflagen.

Für Heiko Donsbach eine Todsünde: »Das gehört zu dieser furchtbaren Tendenz, die Städte ihrer Geschichte zu berauben«, sagt der Gängeviertel-Besetzer. »Dabei erzählt dieser Ort so viel von den Menschen, die hier gelebt, gearbeitet und gelitten haben. Hier steckt noch der Ruß der Jahrhunderte in den Mauern – im Gegensatz zu den anderen Innenstadtquartieren.« Es ist Nachmittag im Gängeviertel, der 51-jährige Architekt sitzt auf einer Bierbank im Innenhof vor der »Butze«, in der die Besetzer ihre Küche untergebracht haben. Er kann lange und detailreich von der historischen Bausubstanz dieses letzten Restes der Gängeviertel sprechen, die sich im 19. Jahrhundert vom Hafenrand bis in die Innenstadt zogen, bis die Stadtväter sie nach dem Hafenarbeiterstreik von 1895 weitgehend abreißen ließen. Und er hält seine Leidenschaft nicht für ein unpolitisches Hobby. »Wir müssen die Welt retten. Und das hier ist ein substanzieller Bestandteil von Welt, weil er die Geschichte einer Stadt repräsentiert«, sagt er, während er sich eine Selbstgedrehte rollt.

Donsbach ist ein Veteran, das Gängeviertel ist nicht seine

erste Besetzung. »Heute ist es wesentlich schwieriger, etwas zu entwickeln, was emanzipatorischen Charakter hat«, antwortet er, wenn man ihn nach dem Unterschied zur Hausbesetzer-Bewegung der siebziger und achtziger Jahre fragt. »Und die Zeiten, in denen man noch einigermaßen glaubwürdig Ärger androhen konnte, wenn geräumt wird, die sind definitiv vorbei.« Um ihn herum wuseln Jungs in Blaumännern und Frauen mit Dreadlocks, die noch in den Windeln lagen, als er 1982 die Jägerpassage in St. Pauli mitbesetzte. Damals kündeten rote Sterne und Anarcho-Zeichen vom revolutionären Geist. Bei den Gängeviertel-Besetzern gestaltet sich das Verhältnis zum System komplexer. »Ich möchte den Kapitalismus lieben, aber ich schaff es einfach nicht«, steht auf einem Bild, das an der Treppe zum »Kutscherhaus« lehnt. Ein Zitat aus einem Song des Liedermachers Funny Van Dannen, das die zögerliche Dissidenz der heutigen Häuserkämpfer ganz gut wiedergibt. »Hier hängt vielleicht keine schwarz-rote Fahne, aber trotzdem sind wir politisch«, sagt René Gabriel. Keinesfalls werde man sich mit einem befristeten Zwischennutzungsvertrag zufrieden geben, so Christine Ebeling. »Es geht uns um dieses Viertel, um diese Häuser«, sagt die freie Künstlerin, die im Besetzungssommer zur Sprecherin von »Komm in die Gänge« avanciert. »Wir wollen das hier in einem Genossenschaftsmodell entwickeln. Sponsoren akzeptieren wir nur, wenn sie keine Eigentumsrechte anmelden.«

Nach Anbruch der Dunkelheit wird auf einer Freifläche hinter dem Gängeviertel *St. Pauli Empire* gezeigt: ein wütender Dokumentarfilm über die Verwandlung des Hamburger Kiezes in eine Sahnelage für Immobilieninvestoren und ein alternativer Publikumsknüller der um sich greifenden Anti-Gentrifizierungsbewegung in Hamburg. Wo immer *St. Pauli Empire* läuft, ruft er Staunen und Empörung hervor – und auch eine Menge Heiterkeit. Etwa wenn die Dame von der Hamburg Tourismus GmbH über einen erfolgreich *gebrandeten* Kiez philosophiert: »Wir glauben, dass wir hier eine Positionierung als bunten, frechen, vielseitigen Stadtteil realisieren können.« Das Rotlichtviertel, abgezirkelt abgefahren, mit ein paar urigen Hartz-IV-Empfängern als Farbtupfer. Die Werbeagenturangestellten und Apartment-Bewohner, die das funkelnagelneue Büro- und

Wohn-Karree auf dem Gelände der ehemaligen Bavaria-Brauerei bezogen haben, kennen den alten, den wilden, schmuddeligen Kiez nur noch vom Hörensagen: »Ich habe gehört, früher war's ein bisschen alternativer hier«, sagt der junge Mann im schwarzen Slim-Fit-Hemd, der wegen des Hafenpanoramas hergezogen ist. Auch das ist ein Lacher im Gängeviertel.

Wie leblos sich Neubauquartiere anfühlen, können die Gänge-Besucher auch gleich nebenan herausfinden: Vis-a-vis liegt ein 2008 fertiggesteller Apartment- und Bürokomplex namens »Brahms-Quartier«. Eine einsame Schaukel baumelt von einem mächtigen Stahlbügel im Schatten der neunstöckigen Apartmenthäuser mit Kunststein-, Glas- und Holzfassade. Keine Rutsche, kein Klettergerüst, kein Sandkasten. Auf der Bank vor der Schaukel sitzen meistens Angestellte aus den umliegenden Bürotürmen und rauchen. »Hochwertige Mietwohnungen mit Charme«, steht auf einem Werbebanner. Als das Bauvorhaben 2005 der Öffentlichkeit vorgestellt wurde, hatte der zuständige SPD-Bezirksamtsleiter noch vollmundig versprochen, hier entstünden »bezahlbare Bleiben«[121] für Familien. Heute wohnen im Brahms-Quartier vor allem Singles und kinderlose Paare für 16 Euro Kaltmiete. Durch die Speckstraße rollen SUV-Limousinen leise summend ihrem Stellplatz entgegen. Die historische Gasse, in der einst das Geburtshaus von Johannes Brahms stand, ist zur Tiefgarageneinfahrt geworden.

Gegen Abend füllt sich der Innenhof des Gängeviertels langsam mit Menschen. Die meisten hier sind zwischen zwanzig und Mitte dreißig, zumindest äußerlich scheinen sie mit einer autonomen Polit- und Besetzer-Szene nichts zu tun zu haben. Zwei junge Frauen in Business-Jackett und mit Bierknolle in der Hand stellen sich als Mitarbeiterinnen von Kulturbehörde und Senatskanzlei vor. Sie wollen »mal ein paar Räume von innen sehen«. Die Besetzer führen sie gerne durch die winzigen, winkeligen Wohnungen, in denen jetzt Bilder, Fotos und Objekte ausgestellt sind. Viel Comic- und Pop-Art gibt es zu sehen, Portraitmalerei und Skulpturen, die die städtischen Verwalter zu Beginn der Besetzung als »Sperrmüll« abräumen lassen wollten. Auch die Kunstkenner unter den Besuchern rümpfen ein bisschen die Nase über das Sammelsurium. Doch man ist sich schnell einig, dass das eigentliche Kunstwerk die rasante soziale Dynamik ist, die sich hier entwickelt. In den ersten Wochen hat die »Komm in die Gänge«-Initiative lauter Leute angezogen, die nicht im Traum damit gerechnet hatten, dass sie einmal zu Häuserkämpfern werden. »Ich bin eher unpolitisch, das ist meine erste Besetzung«, sagt Sushi, ein durchtrainierter 33-Jähriger im Tanktop. »Aber ich bekomme schon die Yuppisierung in dieser Stadt mit. Deshalb finde ich, das wir was Neues schaffen müssen.« Der Pflegetherapeut hat mit ein paar Kumpels eine Skateboardbahn in das Erdgeschoss der alten Fabrik hineingebaut. »Ob ich Künstler bin? Ich mag das Leben, so würde ich's mal ausdrücken. Ich bin ein leidenschaftlicher Skateboarder, der Kunst mag.«

Der skateboardfahrende Pflegetherapeut, die Grafikdesignerin, die mal was anderes gestalten will als die Werbebroschüren ihrer Kunden, der Mitarbeiter einer Eventagentur, der in seiner Freizeit Kunst-Happenings organisiert, die freien Designer und Künstler, denen bezahlbare Ateliers und Arbeitsräume fehlen, dazu ein Haufen Musiker und DJs, Freaks und Lebenskünstler: Die Besetzer und Supporter des Gängeviertels rekrutieren sich ausgerechnet aus jenem bohemistischen Milieu, um das laut Richard Florida[122] Metropolen heute besonders werben müssen, wenn sie wirtschaftlich oben mitspielen wollen. Nicht zuletzt deshalb fasst die Politik die neuen Häuserkämpfer in Hamburg mit Samthandschuhen an. Die Räumung des Gängeviertels wäre ein Imageschaden für eine Stadt, die sich in bunten Broschüren gerne als »pulsierende Metropole« für »Kulturschaffende aller Couleur«[123] anpreist. Zu Zeiten, in denen eine kreative Boheme das Umfeld für Unternehmensansiedlungen schaffen soll, kann keine Stadt Bilder von vollverschalten Räumkommandos gebrauchen, die »Kreative« aus Altbauten schleifen.

Auch die Medien sind schnell bereit, die von der »Komm in die Gänge«-Initiative vorgeschlagene Sichtweise zu akzeptieren und die Besetzung freundlich als »kulturelle Bespielung« zu behandeln. Das konservative *Hamburger Abendblatt* lobt die »Abkehr von alten Besetzerritualen«[124] und die »gewitztfreundliche Art«[125] der Gänge-Aktivisten. So mancher Stammleser muss sich wundern, dass es plötzlich Sympathiepunkte an Hausbesetzer in einem Springer-Blatt gibt, das noch kurz zuvor wegen deutlich nichtigerer Anlässe das alte Feindbild des linken »Chaoten« heraufzubeschwören pflegte. Zweifelsohne haben die Gänge-Aktivisten einiges dafür getan, solchen Beißreflexen keinen Anlass zu verschaffen. Statt in eine politische Konfrontation mit der Stadt zu gehen und ihre Mechanismen von Aufwertung und Verdrängung zu »enttarnen«, so wie es die alte Linke gemacht hätte, spielen sie mit dem Image, die diese als »kreative Stadt« von sich in die Welt setzt. Die Aufmerksamkeit, die die Metropolen seit einigen Jahren den »kreativen Milieus« schenken, nutzten sie, um einen neuen politischen Raum zu konstituieren und den Diskurs über Kreativität und Stadt gegen den Strich zu bürsten. Die Stadt mache mit dem Verkauf des Gängeviertels »ihre Absichtserklärungen unglaubwürdig, ›als kreative Metropole mit Weitsicht wachsen‹ zu wollen«[126], heißt es in der dritten Pressemitteilung der Initiative.

Als im Oktober 2009 die Übergabe von zwei der Gängeviertel-Häuser an Hanzevast fällig wurde, lenken die Besetzer ein – nach langen und heftigen Diskussionen. »Der Senat ist vertraglich zu einer Übergabe der beiden geräumten Gebäude an den Investor Hanzevast verpflichtet«, erklären sie. »Die Initiative verhindert mit ihrer Räumung der Gebäude, dass durch Schadensersatzforderungen in Millionenhöhe von Hanzevast unnötig Steuergelder verschwendet werden.«[127] Im Gegenzug beziehen sie bislang verschlossene Obergeschosse und drei weitere Gebäude im Viertel. Dass diese Entscheidung für das Gängeviertel-Kollektiv zur Zerreißprobe wird, davon zeugt ein Graffiti auf der Brandmauer der zwischenzeitlich geräumten Fabrik: »Seid artig, packt eure Bildchen ein und dann hopp, hopp!« steht dort in gezackt-autonomen Großbuchstaben.

Das sanfte Auftreten hat die Gängeviertel-Besetzung anschlussfähig gemacht für ein bürgerliches Spektrum. Doch es ist nicht nur eine strategische Entscheidung. Es entspricht dem Selbstbild vieler der Gänge-Aktivistinnen und Aktivisten. Die meisten von denen, die die Besetzung geplant und initiiert haben, kommen weniger aus linken Zusammenhängen als aus temporären Kollektiven und Ateliergemeinschaften, mit denen sie zwar bereits seit Jahren praktische Erfahrung in der Aneignung von brachliegenden Gebäuden gesammelt, diese Praxis bis dato aber nicht mit politischen Forderungen verknüpft haben. Als Zwischennutzer, die immer nur bleiben konnten, bis die Gebäude abgerissen oder saniert wurden, sahen sie in regelmäßigen Abständen ihre Eroberungen verschwinden – und mit ihnen die Arbeit, die sie hineingesteckt hatten. Mit dem Entschluss, vom Zwischennutzer zum Besetzer zu werden, erklären sie diese Arbeit zum Politikum, zur legitimen Aneignung von städtischem Raum, zur sozialen Investition. Marion Walter, Besetzerin der ersten Stunde, zieht im Frühjahr 2010 Bilanz: »Wir haben mal das, was wir in das Viertel an Arbeitskraft und Material hineingesteckt haben, vorsichtig beziffert und kamen auf rund eine Million Euro.« Im winzigen Besetzerbüro hinter der »Puppenstube« hängt die sogenannte »Wertschätzungstafel«, auf der unter der Überschrift »Das habt ihr gut gemacht« Postits kleben, mit denen sich die Besetzer wechselseitig für vollbrachte Arbeiten an den Gebäuden danken.

Mit der Verbindung von quasi-bürgerlichem Auftreten und praktischer Aneignung jenseits von Recht und Gesetz hat die »Komm in die Gänge«-Initiative neues politisches Terrain betreten. Einerseits agiert die Initiative mit einem Anspruch, der an Bürgerstiftungen und -vereine erinnert: Man argumentiert als Zusammenschluss besorgter Bürger, die sich ehrenamtlich um das Gemeinwohl, um den sozialen Ausgleich und das historische Erbe der Stadt kümmern. Andererseits agiert man nicht aus der Position privilegierter Bürgerlichkeit, wie sie ehrenamtlichen Zusammenschlüssen meistens innewohnt, sondern als Grassroots-Netzwerk, das sich selbst hilft. Das Bild von der kreativen Community, die im Gängeviertel eine Künstlerkolonie durchsetzen will, ist eine mediale Vereinfachung und ein Missverständnis. Von der ersten Pressemitteilung an benennt die Initiative ihr Projekt als »ein selbstverwaltetes, öffentliches und lebendiges Quartier mit kulturellen und sozialen Nutzungen« und solidarisiert sich mit den Initiativen, die sich im Laufe des Jahres 2009 zum »Recht auf Stadt«-Netzwerk zusammengeschlossen haben. »Wir sind in vielerlei Hinsicht gar nicht anders gestellt als andere prekär Beschäftigte«, sagt Marion Walter. »Ich zum Beispiel bekomme auf dem freien Wohnungsmarkt nur schwer eine Bleibe – weil ich als freischaffende Künstlerin keinen Einkommensnachweis erbringen kann.«

In dem bunten Haufen, der sich im Laufe der ersten Monate im Gängeviertel zusammenfindet, spielt es ohnehin keine Rolle, ob man sich als »Kreativer« versteht, der seinen Lebensunterhalt mit Jobs verdient, oder als jemand, der darum kämpft, dass das Jobben noch Zeit lässt für die eigene Kreativität. In einer Auflistung ohne Anspruch auf Vollständigkeit haben die Gängeviertelianer zusammengetragen, wer sich alles bei ihnen tummelt:

»Maler, Stadtplaner, Grafiker, Illustratoren, Köche, Designer, ungelernte Hilfsarbeiter, Pixelschubser, Elfenbeinschnitzer, Gold- und Silberschmiede, Polsterer, Tischler, Geigenspieler, Gärtner, Dichter, Eventmanager, Servierer, Sänger, Gestalter, Installations-, Raum-, Projekt- und Lebenskünstler, Streetartists, Glasbläser, Bühnenbildner, Holz-, Stein- und Metallbildhauer, Beleuchter, Dramaturgen, Regisseure, Gas-Wasser-Installateure, Lichtkünstler, Stencilartists, Programmierer, Performancekünstler, Konzeptkünstler, DJs, Schriftsteller, Medienkünstler, Musiker, Fotografen, Messebauer, Filmschaffende, Hartz-IV-Empfänger, Pädagogen, Architekten, Stipendiaten, Autoren, Einzelhandelskaufleute, Sekretäre, Referenten, Mütter, Väter, Restauratoren, Buchbinder, Modedesigner, Biogemüsehändler, Studierende, Wissenschaftler, Denker und Querdenker, Schauspieler, Angestellte, Seemänner, Bootsbauer, Zimmermänner, Tänzerinnen, Immobilienwirtschaftler, Kunstschmiede, Call-Center-Mitarbeiter, Administratoren, Netzwerker und so weiter und so fort …«

Dieser unübersichtlichen Gemeinschaft gelingt es zum Jahreswechsel 2009/2010, ausreichend öffentlichen Druck aufzubauen, um den Senat der Freien und Hansestadt Hamburg zu einer Rückabwicklung des Verkaufs an Hanzevast zu bewegen. Am 15. Dezember 2009 unterschreibt der Geschäftsführer des Immobilienfonds einen Vertrag, in dem die Stadt den Holländern 2,8 Millionen Euro für ihre bisherigen Planungen zahlt – plus den ursprünglichen Kaufpreis natürlich. »Jetzt haben wir die Möglichkeit, ein neues Konzept für das Gängeviertel zu verwirklichen«, erklärt die grüne Stadtentwicklungssenatorin Anja Hajduk nach der Vertragsunterzeichnung. »Unter Berücksichtigung der Kriterien Stadtentwicklung, Denkmalschutz, Künstlernutzung und Wirtschaftlichkeit wollen wir eine tragfähige Lösung für das Gängeviertel finden.«[128]

Tatsächlich folgt auf den symbolträchtigen Rückkauf ein Verhandlungsmarathon zwischen Stadt und Besetzern, in dem die Positionen einander recht kantig gegenüberstehen. Der Senat geht von einem Entwicklungsmodell aus, in dem die städtische Wohnungsgesellschaft SAGA oder ein privater Investor das Ensemble saniert und der »Komm in die Gänge«-Initiative eine Teilnutzung als Mieter anbietet. Die Besetzer dagegen pochen darauf, das gesamte Viertel mit einem genossenschaftlichen Finanzierungsmodell zu übernehmen und in Selbstverwaltung zu belegen.

Der Gegensatz macht einmal mehr deutlich, wie unterschiedlich die Lesarten sind. Die politischen Verantwortlichen interpretieren die Gänge-Besetzung als Versuch von Künstlern und Kulturschaffenden, sich günstige Räume in einer Metropole zu erstreiten, die sie sich immer weniger leisten können. »Es ist richtig, die Künstler brauchen Raum. Diesen Raum muss Hamburg bieten«[129], erklärt die Kultursenatorin von Welck. Doch diese Räume sollen nicht im Wildwuchs entstehen: »Wie man Liegenschaftsverwaltung macht, das ist auch nicht ihre Aufgabe«, so von Welck in einem Fernsehinterview mit Blick auf die Gänge-Besetzer. Die sehen das ganz anders. Zum einen wehren sie sich dagegen, das Ensemble der städtischen Wohnungsgesellschaft zu überlassen, die es jahrelang und absichtsvoll hat verfallen lassen. Zum anderen argumentieren sie, dass eine Community, die auf engstem Raum Wohnungen, Arbeitsplätze, soziale Institutionen und öffentliche Veranstaltungen zusammenbringt, nur funktionieren kann, wenn ihre Mitglieder kollektiv bestimmen, was und wer dort wie mitmacht. »Wenn uns die SAGA hier Mieter reinsetzt, die mit dem Projekt nichts zu tun haben und sich ständig über alles beschweren, ist der Ärger programmiert«, argumentiert Heiko Donsbach auf einer Pressekonferenz im Februar 2010.

Ärger gibt es auch so. Der Ölkonzern Esso, dessen Deutschlandzentrale während der Besetzung in das benachbarte Brahms-Quartier zieht, moniert den unansehnlichen Zustand der Gebäude und fordert von der Stadt die »Totalsanierung«[130]. Auch einige Bewohner der anliegenden Apartments sehen ihre Ruhe gestört. Zwar hat das Besetzerkollektiv sogenannte »Nachbarschaftsbeauftragte«, bei denen man sich beschweren kann – doch der ein oder andere Nachbar ruft lieber direkt bei der Polizei an. »Das Künstler-Quartier ist zur Party-Meile verkommen«, erklärt ein Anwohner der *Hamburger Morgenpost*[131]. Die *Bild*-Zeitung vermeldet gleich »Party-Randale im Gängeviertel« und zitiert eine verschüchterte Studentin: »Ich trau mich manchmal kaum mehr raus, wenn die draußen singen ›Gleich brennt die ganze Stadt‹.«[132] Wegen der Lärmbeschwerden rückt das Hamburger Bauprüfamt an und droht mit einem Verbot sämtlicher öffentlicher Veranstaltungen – ausgenommen die Kunstausstellungen. Die Besetzer schließen daraufhin das Viertel zwischenzeitlich komplett und verlegen ihre Veranstaltungen in U-Bahn-Stationen und auf öffentliche Plätze. In einer Erklärung beschweren sie sich über die restriktive Interpretation der Verordnungen und fordern die Stadt »zu mehr Kreativität und zu aktiver Zusammenarbeit auf«[133].

Die »Komm in die Gänge«-Initiative ist entschlossen, sich nicht in die Rolle des Untermieters einer städtischen »Kreativimmobilie« drängen zu lassen. Gerade weil man mitten in der City-Business-Zone sitzt, weit weg von allen für kreative Aufwertung vorgesehenen urbanen »Potenzialräumen«, sieht sich das Projekt als Symbol gegen Gentrifizierung. »Ich engagiere mich hier, weil ich Ansprüche an Stadt und Gesellschaft habe, die von Nachhaltigkeit und Gerechtigkeit geprägt sind«, erklärt René Gabriel, und so argumentieren viele Besetzer. Auf Seiten der städtischen Politik dagegen glimmt nur in wenigen Köpfen eine Ahnung davon, dass die Geister, die das Gängeviertel geweckt hat, nicht mit den Gepflogenheiten der städtischen Liegenschaftsverwaltung vereinbar sind. Immerhin: In einer von der Hamburger Stadtentwicklungsbehörde in Auftrag gegebenen Studie findet sich eine gewagte Empfehlung. Dem »Szenario des Nischenuniversums« entspreche es am meisten, »die Strategie des Nichtstuns mit dem Instrument der Duldung zu kombinieren, um über unkonventionelle Nutzungen duldend hinwegzusehen und die Potenzialräume dieses Quartiers einer Eigendynamik zu überlassen«[134]. Leider ist nicht das Gängeviertel gemeint. Sondern der Stadtteil Hamm-Süd, den die Studie, wohl zu Recht, als »urbanes Off« bezeichnet: ein Kon-

glomerat aus Lagerhallen, Speditionen und Gebrauchtwagen-
händlern, in dem auch ein paar Musiker und Künstler günstige
Räume angemietet haben.

Im März 2010 präsentiert die Initiative ein Konzept, das vor-
sieht, das Gängeviertel als Genossenschaft zu entwickeln. Die
Genossenschaftsmitglieder, so der Plan, bringen die Eigenkapi-
talsumme auf, auf deren Basis dann mit Förderdarlehen u. a. der
Wohnungsbaukreditanstalt die Baukosten finanziert werden
können. Die Tilgung erfolgt über die Mieteinnahmen, deren
Reinertrag jährlich 616 000 Euro betragen würde. Die Mieten
will man – je nach Nutzung und Leistungsfähigkeit – staffeln:
Während die soziokulturell genutzten Flächen nicht teurer als
3 Euro pro Quadratmeter sein sollen, zahlen Gewerbemieter bis
zu 12 Euro. Die Ateliers und Wohnungen liegen dazwischen,
mit maximal 4 bzw. 6,50 Euro. Voraussetzung für die Umset-
zung dieser Pläne ist, dass die Stadt der Initiative das Areal für
eine symbolische Summe bzw. per Erbpacht überlässt.

Doch diese Forderung findet auf Seiten der Stadt wenig An-
klang. In den Verhandlungen lehnt die Behörde für Stadtentwicklung und Umwelt (BSU) eine Anhandgabe zugunsten der
Besetzer ab. Umgekehrt bleibt auch die städtische Suche nach
einem Investor, der die »Komm in die Gänge«-Aktivitäten in
das zukünftige Viertel integrieren möge, ergebnislos. Der zwischenzeitlich ins Spiel gebrachte Medienunternehmer und Ver-
sandhauserbe Frank Otto verabschiedet sich nach einem ersten
Gespräch mit Vertretern beider Seiten wieder, nachdem ihm die
Besetzer bedeutet haben, dass er für die Initiative nur als Mä-
zen ohne Eigentumsrechte akzeptabel wäre. Anfang April 2010
verkündet die BSU, sie wolle für die Sanierung und Entwicklung die Stadtentwicklungsgesellschaft Hamburg (STEG) als
Treuhänder einsetzen. Ein auf den ersten Blick naheliegender
Vorschlag: Statt weiter auf eine private Lösung zu setzen, will
sich die Stadt nun eines bewährten Sanierungsträgers bedienen,
den sie selbst einst als Instrument der »sanften Stadterneuerung« ins Leben gerufen hat.

Die STEG, Ende der Achtziger auch als Antwort auf die Besetzungen der Hafenstraße und der Roten Flora gegründet, sollte seinerzeit Protesten von Anwohnern gegen die Aufwertung

ihrer Viertel vorbeugen. Mit Bürgerbeteiligungsverfahren, Runden Tischen, Sanierungsbeiräten, Quartiermanagement-Büros und geförderten Wohn- und Gewerbemieten in dafür ausgewiesenen Sanierungsgebieten versuchte sie, Maßnahmen zur »Stadterneuerung« möglichst anwohnerverträglich durchzuführen. Eine Erklärung der Roten Flora bemerkte im Jahre 2000 kritisch, die Politik der STEG bestehe darin, »Umstrukturierung als Prozess darzustellen, an dem sich letztendlich alle AnwohnerInnen beteiligt haben oder zumindest die Möglichkeit dazu hatten«[135]. Tatsächlich hat sich an den von der STEG betreuten Sanierungsgebieten Schanzenviertel und Karoviertel gezeigt, dass die sanfte Tour der Stadterneuerung ein wirksames Instrument zur Gentrifizierung ist. Die Schließung der Drogenhilfeeinrichtung Fixstern am Schulterblatt, die Förderung der Gastronomisierung und Kommerzialisierung der Viertel und eine Belegungspolitik, die letztlich auf die Abwanderung armer und migrantischer Bewohner und auf den Zuzug von jungen Freiberuflern setzt: All diese Maßnahmen haben dazu geführt, dass die Schanze und das Karoviertel heute hoch beliebte Shopping- und Szeneviertel sind, in denen es zwar kaum mehr günstige Wohn- und Gewerbemieten, dafür aber jede Menge »Flagship-Stores« internationaler Marken und hochpreisige Eigentumswohnungen gibt. Dass ausgerechnet jener Träger, für den linke Stadtaktivisten einst den Slogan »Kein Weg mit der Steg!« ersonnen hatten, die Kohlen aus dem Feuer holen soll, stößt bei den Besetzerinnen und Besetzern nicht unbedingt auf Gegenliebe.

Mit oder ohne STEG – die harten Nüsse in den Verhandlungen zwischen Stadt und Gänge-Initiative lassen sich in zwei Punkten zusammenfassen: Zum einen ist da die Frage der selbst verwalteten Belegung und Nutzung. Auf bloße Absichtserklärungen seitens der Behörde und des Sanierungsträgers wollen sich die Gänge-Besetzer nicht verlassen. Sie fordern eine vertragliche Zusicherung, dass das Quartier auch nach der Instandsetzung autonom bleibt. Zum anderen pochen sie auf Vertragsbedingungen für die Instandsetzung, die verhindern, wirtschaftiche Sachzwänge für eine Kommerzialisierung oder Veräußerung des Gängeviertels ins Feld zu führen. »Wenn sowohl die Planungsleistung als auch die Finanzierung und womöglich auch die Verwaltung über die STEG abgewickelt werden, ergeben sich automatisch erhebliche Interessenskonflikte. Die wirtschaftlichen Sachzwänge führen dann dazu, dass die Inhalte des Konzeptes an die Sach- oder auch Fördermittelzwänge angepasst werden müssen«, sagt Gängeviertel-Aktivist Heiko Donsbach. »So könnte die Kalkulation für die Instandsetzung am Ende so aussehen, dass günstige Mieten und damit eine soziale Nutzung unmöglich werden.«

Derweil beanspruchen die unbezahlten Überstunden im Gängeviertel die Dispokredite der Aktivistinnen und Aktivisten aufs Äußerste. Doch sie tauchen auf keinem Konto, in keinem Vertragswerk als Anteil an der Immobilie auf. Ausgerechnet Richard Florida macht sich in einem ZDF-Interview zum Kronzeugen eines Paradigmenwechsels. Befragt nach dem im Gängeviertel vorgestellten Manifest »Not In Our Name, Marke Hamburg«[136] erklärte der US-Ökonom: »Künstler investieren ihren Schweiß, ihr Gespür und ihr Herzblut in ihre Viertel. Warum gibt man ihnen keinen Anteil an den Gebäuden? Wie wäre es denn, wenn sie Eigentumsrechte für ihre Arbeit beanspruchen könnten? Und warum sollte Hamburg nicht die erste Stadt sein, die genau das ausprobiert?«[137]

Ein besonders geschickter Vereinnahmungs-Schachzug auf dem Weg zu einer neoliberalen *Creative City*? Oder die konkrete Utopie eines Gemeinwesens, in dem auch Arbeit jenseits der Wertschöpfungsketten einen Anspruch auf Teilhabe darstellt? Wie auch immer man Floridas Vorschlag interpretiert – in jedem Fall fällt er aus dem Rahmen dessen, was städtische Behörden derzeit umzusetzen willens und in der Lage sind. Und womöglich liegt gerade darin auch eine Chance des Gängeviertels: Dass es in den Städten sowohl das Bedürfnis als auch die Notwendigkeit gibt, Orte zu schaffen, die sich nur schwer in geregelte Eigentums- und Nutzungsverhältnisse überführen lassen, weil sie ökonomisch und sozialpolitisch aus dem Raster fallen. Orte der Leidenschaft, der Debatte, der experimentellen Kollektivität, die im Wildwuchs entstehen. »Temporäre autonome Zonen«[138] – ein Begriff aus den frühen Neunzigern –, die zu verstetigen auch die Gefahr birgt, einen Rahmen zu schaffen, der die Unvorhersehbarkeit zerstört, von der sie leben. Andererseits geht es darum, bezahlbare Räume und öffentliche

Orte zu erstreiten und zu sichern, um ein Beispiel zu geben, dass eine andere Stadtentwicklung möglich ist. Das Gängeviertel muss sich institutionalisieren, um das eigene Überleben und das der Häuser zu sichern. Gleichzeitig muss es gegen die institutionelle Erstarrung arbeiten, um ein Raum der Möglichkeiten bleiben zu können.

Kapitel 6
»Wir wollten in das Herz der Stadt.«
Ein Gespräch über das Gängeviertel

MARION WALTER, Jg. 1976, Bildhauerin, freie Künstlerin; FLORIAN TAMPE, Jg. 1975, freier Künstler; CHRISTINE EBELING, Jg. 1966, Kunstschmiedin, Bildhauerin, freie Künstlerin; HANNAH KOWALSKI, Jg. 1981, Theatermacherin und Performerin

MARION WALTER: Einige der ersten Gängeviertel-Aktivisten fanden in der Community zusammen, die sich im Brandshof an der Elbbrückenstraße in Rothenburgsort gebildet hatte. Der Brandshof besteht aus einem Wohnhaus, alten Lagerhallen und einem Verwaltungsgebäude, eingegrenzt von Wasser, Großmarkt und den Elbbrücken. Da landest du nie, wenn du nicht gezielt hinfährst.
FLORIAN TAMPE: Das war ein schwarzer Fleck in dieser Stadt. Als ich 2005 in den Brandshof kam, unterstand das ganze Ge-

89

bäude schon der Zwangsverwaltung eines Insolvenzverwalters, Hauptschuldner war die HSH-Nordbank. Der ehemalige Eigentümer hatte sich verspekuliert – wie eigentlich alle, die dort eingestiegen sind.

WALTER: Es gab dort schon einige Leute, die u. a. das »Brandshof Festiv« gemacht haben. Wir sind dort rein, weil es günstig war – 2 Euro der Quadratmeter. Alle Leute haben uns für bescheuert erklärt, weil wir erst mal ein Jahr lang bauen mussten. Und das, ohne zu wissen, wie lange wir dort überhaupt bleiben können. Es gab keinen Strom, kein Wasser, wir mussten Boden legen, Wände ziehen, einfach alles. Am Anfang waren wir sehr vorsichtig, aber im Laufe der Zeit haben wir uns immer mehr von dem Gelände angeeignet. In der Plattenbaubaracke vom Baustoffhandel Hakibau wohnt ein altes Hausmeisterehepaar. Die hatten die Landzunge gepachtet, die hinterm Haus in die Elbe reinragt. Da durften wir Würstchen grillen.

TAMPE: Unsere Arbeit bestand erst mal darin, sich überhaupt Räume zu schaffen. Es war nicht einfach, daneben überhaupt noch zu der eigenen künstlerischen Arbeit zu kommen. Ich war damals in einer Künstlergruppe namens »FLSHBX«, gesprochen »Flashbox«. Wir haben aus riesigen Werbeplakat-Wänden Kisten gebaut, und die dann für ein oder zwei Wochen bespielt.

WALTER: Wir saßen oft nach dem Renovieren nachts total fertig in dieser tollen Art-Deco-Eingangshalle im Brandshof, haben Bier getrunken und sind auf Ideen gekommen.

CHRISTINE EBELING: Nach Hause zu kommen und erst mal durch diese tolle Art-Deco-Eingangshalle zu gehen, das war einfach großartig: »Wow, mir gehört die Welt!« Und dort gab es Räume nicht nur für uns, sondern auch für andere, für die Öffentlichkeit, für Ausstellungen, Filmabende, Konzerte. Darum ging es auch.

TAMPE: Irgendwann ging das los, dass Menschen in Anzug und Mantel um das Gebäude streunten und fragten, ob sie mal kurz reingucken können. Da ahnten wir schon, was im Gange ist.

WALTER: In der ersten Aprilwoche 2008 entdeckten wir im Internet den Termin für die Zwangsversteigerung. Es gab einen Investor, den wir gut gefunden hätten, der wollte aber nur eine bestimmte Summe zahlen, weil er für die Instandsetzung erheblich hätte investieren müssen. Die HSH-Nordbank ist darauf nicht eingegangen. Am Ende hat es der Mann bekommen, der 2001 auch die Rote Flora gekauft hat: Klaus-Martin Kretschmer. Übrigens schon im Vorfeld, ohne Versteigerung und für mehr als das Doppelte, als unser Wunschkandidat bieten wollte. Kretschmer ist Immobilienhändler, hat so eine anthroposophische Ader und nennt sich gerne »Kultur-Investor«.

TAMPE: Die Geschwister von der Spedition, die das Lagerhaus betrieben haben, mussten unter Tränen raus. Die waren bestimmt 30 Jahre dort, jetzt sind sie wahrscheinlich auf Hartz IV.

WALTER: Danach ist die alte Frau mit dem Hund gegangen, weil sie Angst bekommen hat. Eine Binnenschifferin, die früher dort mit ihrem Mann ihre Landwohnung hatte und immer noch dort wohnte. Derzeit versucht Kretschmer auf mehr oder weniger unschöne Weise, die restlichen Mieter rauszuwerfen.

EBELING: Als er das erste Mal dort aufgetaucht ist, hörte sich das alles noch ganz gut an. Er kündigte an, gleich die Fassade zu sanieren und das Dach zu machen und stellte wilde Kalkulationen an, wie man mit Denkmalschutz und Steuerersparnissen den Quadratmeter-Preis möglichst gering halten könnte. Dann fing er irgendwann an, Druck zu machen: Wir müssten ausziehen, damit er loslegen könnte. Tatsächlich rannten da aber immer bloß diese beiden Handwerker aus Polen herum. Das machte dieses Sanierungsvorhaben etwas unglaubwürdig. Am Ende kam er freudestrahlend an und verkündete uns den zukünftigen Mietpreis: 8,88 Euro. Die Acht sei nämlich seine Glückszahl, das hat irgendwas mit Anthroposophie zu tun. Das Angebot galt übrigens auch nur für uns, die wir schon da waren, die neu hinzukommenden Künstler hätten 10 oder 11 Euro zahlen müssen. Wenn das Ganze erfolgreich sei, meinte er, würden wir auch mehr erwirtschaften und könnten eine teurere Miete gut verkraften.

WALTER: Und dass wir ja eh zu wenig verdienen! Natürlich wollte er auch die Auswahl machen, wer dort arbeiten darf und wer nicht. Er wollte dort eine Künstlerkolonie. Wir dagegen waren ein Konglomerat von ganz unterschiedlichen Leuten. Künstler, Musiker, Handwerker, auch mal ein Biologe dazwischen. Solche Projekte basieren nun mal darauf, dass alle ganz unterschiedliche Sachen machen.

TAMPE: Diese Art zu leben und zu arbeiten funktioniert nicht, wenn sie von den Behörden abgenommen und genehmigt werden muss. Der schöne, kreative Wildwuchs, die kleine Gemeinschaft, in der man sich zwar streitet, sich aber auch aufeinander verlassen können muss – das kann eigentlich nur entstehen, wenn man am Rande der Legalität laviert. Das ist auch der Unterschied zum Gängeviertel und seinem Selbstverständnis. Bis zu diesem Zeitpunkt hatten wir uns immer versteckt und aufgepasst, nicht entdeckt zu werden. Wir sind dann mit der FLSHBX aus dem Brandshof raus, waren zwischenzeitlich im SKAM am Millerntorplatz und sind schließlich durch einen glücklichen Zufall zur Puppenstube im Gängeviertel gestoßen, die es damals schon als Atelierraum gab. Das war 2007. Dort haben wir auf der Suche nach einem Lagerraum den Keller aufgebohrt.

WALTER: Der war ziemlich verschimmelt. Trotzdem haben wir dort jeden Freitag die »Kaschemme« gemacht.

TAMPE: Das war neun Monate, nachdem sich die FLSHBX-Gruppe aufgelöst hatte. Die »Kaschemme« war von der »Palette« inspiriert, dem 60er-Jahre-Keller in der ABC-Straße, gleich um die Ecke, den Hubert Fichte in seinem Roman beschrieben hat. Wir haben dort auch kleine Sitzgruppen und Separées reingebaut, und Bücherregale. Es sollte Blut, Schweiß und Tränen sein. Die Musik war in Zimmerlautstärke, es gab ein Techno-Verbot, jeder konnte auflegen und jedes Getränk kostete einen Euro. Gefunden hat man diesen Hintereingang nur, wenn man davon wusste. Das lief über Mundpropaganda.

WALTER: Am Anfang saßen da immer dieselben fünf Leute im Jogginganzug, den sie das ganze Wochenende nicht ausgezogen haben, tranken Bier und rauchten.

TAMPE: Und dabei haben sie Bücher gelesen. Das war ein sehr langsamer Anfang. Aber irgendwann wurde es schneller, und das Techno-Verbot wurde nicht mehr richtig eingehalten.

WALTER: An der Wand war ein Bilderrahmen, auf der Wand dahinter musste jeder DJ ein Motto eintragen: »Bella Italia«, »Spiegelei mit Brot« – was auch immer. Am Ende kamen immer mehr Leute, die niemand mehr kannte. Man merkte es auch am Habitus, oder daran, dass sie 2,50 Euro für ein Getränk auf den Tisch gelegt haben. Wir hatten abgemacht: Bei 1111 Besuchern ist Schluss. Es gab einen Besucherzähler.

Den haben wir auch immer bedient, egal wie besoffen wir waren.

TAMPE: Was den Brandshof und die Kaschemme im Gängeviertel verbunden hat, war der Familiengedanke. Die eingeschworene Gemeinschaft.

HANNAH KOWALSKI: Ich war auch ein paar Mal in der Kaschemme, als Gast. Mir war's etwas zu voll, zu klein und zu anstrengend, aber es war schon wild. Ich glaube, ich war drei Mal dort, weil es immer hieß, das sei der letzte Abend.

WALTER: Das ist aber ein Mythos. Es gab nur einen letzten Abend. Ein sehr haltloser Abend. Das musikalische Konzept hieß: »Hinter dem eisernen Vorhang.« Es gab kein Klo im ganzen Haus, nur ein Waschbecken, also haben wir ein Schild aufgehängt:»Ja, dieses Waschbecken ist ein Klo!« Und ein anderes Schild: »Nein, unsere Becher waschen wir in einer Schüssel ab!« Es gab sehr trinkfeste Besucher aus Polen, die Wodka und andere Schnäpse mitgebracht hatten. Irgendwann stand ein Sicherheitsmann vor der Tür, der zum Brahms-Quartier gehörte, das gerade gebaut wurde. Der hatte dort einen der Polen gefunden, der regungslos in der Baustelle saß, und er machte sich Sorgen, dass er erfriert.

TAMPE: Danach haben wir aufgeräumt.

WALTER: Erst mal waren wir froh, weil wir unseren Freitagabend wieder hatten. Es war heilsam, aber wir waren auch wehmütig. Im November 2008 haben wir die Kaschemme zugemacht, im Januar 2009 haben wir angefangen, dort die »Zelle« zu installieren. Jeden Dienstag um 19 Uhr.

TAMPE: Statt immer weiter Dienstleister für Partys und Ausstellungen zu sein, wollten wir uns lieber mal zusammensetzen, um darüber nachzudenken, warum eigentlich immer überall alles leersteht und man trotzdem nicht reinkommt. Natürlich haben wir auch über das Gängeviertel geredet, aber eine Besetzung war erst mal kein Thema.

WALTER: Wir wollten vor allem Leute zusammenbringen. Es gibt hier so viele Netzwerke, die nicht ineinandergegriffen haben. Wir haben deshalb erst mal bewusst von persönlichen oder politischen Animositäten abgesehen und versucht, alle zu einem Austausch zu bringen. Es kamen auch Leute aus etablierteren Kreisen, Leute aus anderen deutschen und europäischen Städten – sehr viele Menschen haben wir durch diesen Keller geschleust. Viele von denen sind dann in der Vorbereitung der Besetzung oder währenddessen wieder aufgetaucht.

EBELING: Es ging um Erfahrungsaustausch. Wir wollten unter anderem Strategien entwickeln, wie wir es schaffen, als Künstler oder Kreative nicht immer nur Pioniere für einen Aufwertungsprozess oder eine Imageverbesserung von Orten zu sein. Wie man sich dem aktiv entgegenstellt, um nicht demnächst vor dem nächsten Investor flüchten zu müssen.

TAMPE: Oft hatten wir nämlich erst während der Arbeit an Projekten gemerkt, dass wir als Künstler Teil einer Aufwertungsstrategie sind. Mit der FLSHBX-Gruppe haben wir uns zum Beispiel von der IBA in Wilhelmsburg engagieren lassen, ohne überhaupt verstanden zu haben, was das für ein Riesen-Gentrifizierungsprojekt ist.

WALTER: Im Frühjahr 2009 kam von der Stadt die Ansage, dass wir raus müssen, weil Hanzevast übernimmt.

TAMPE: Uns war klar: Wenn wir jetzt nichts unternehmen, passiert das, was immer passiert. Wir haben nach Strategien gesucht und alles durchgedacht, inklusive zubetonieren und das Treppenhaus abreißen. Oder Prominente einladen, denen wir dann eröffnen, dass sie jetzt Teil einer illegalen Besetzung sind.

WALTER: Oder dass wir auf und an den Häusern Kunstwerke anbringen, die so wertvoll sind, dass man es nicht abreißen kann.

TAMPE: Oder der Versuch, mit dem Denkmalschutz zu argumentieren – es war allerdings schnell klar, dass da Hopfen und Malz verloren ist. Hamburg würde auch sein Rathaus abreißen. Wir haben auch Leute aus Hausbesetzerkreisen eingeladen. Die haben uns aber gleich gesagt: So wie wir es vor zwanzig, dreißig Jahren gemacht haben, funktioniert es nicht mehr.

WALTER: Im Laufe des Sommers fanden wir heraus, dass Hanzevast wegen der Bankenkrise in Finanzierungsschwierigkeiten gekommen war. Das hat uns in die Hände gespielt. Aber es war nicht der Grund, warum wir die Besetzung gemacht haben.

TAMPE: Wir wollten auf jeden Fall mit einem großen Bumm rausgehen und der Stadt zeigen, was sie verliert. Keiner hat am Anfang daran geglaubt, dass wir das wuppen können. In Hamburg gilt seit über zwanzig Jahren die Regel, dass eine Besetzung binnen 24 Stunden zu beenden ist – dass wir das brechen können, haben wir nicht für möglich gehalten. Dabei hätten sie uns in den ersten drei Stunden locker-flockig abräumen können. Für mich ist noch immer die Frage, warum das nicht passiert ist. Am Montagmorgen war es schon viel zu groß. Da war die Presse da und massenhaft Leute, die sich vor die Häuser gesetzt haben. Die Sprinkenhof AG kam, wollte die Häuser zuschweißen und musste wieder abziehen.

WALTER: Ein Teil unserer Strategie war natürlich, für die andere Seite uneinschätzbar zu machen, was dort eigentlich passiert. Wir haben bewusst nicht die Strategie gewählt, uns zu verbarrikadieren.

TAMPE: Unsere einzige Chance war, ganz viele Menschen dort einzubinden, ganz normale Menschen. Wir haben im Vorfeld viele kleine Veranstaltungen gemacht, um ein großes Netzwerk zu schaffen, das dann am Tag X auch kommt und das unterstützt.

WALTER: Dieser Ort war ganz vielen Leuten aus dem Bewusstsein geschlichen. Wir mussten im Vorfeld erst mal dafür sorgen, dass klar wird, was hier für ein städtebauliches Massaker geplant ist. Unter anderem haben wir versucht, die Medien auf unsere Seite zu holen. Schon Ende April gab es einen großen Artikel in der *Süddeutschen* zum Gängeviertel. Und in der Woche davor war ein Artikel im *Hamburger Abendblatt* mit der Überschrift »Künstler erobern das Gängeviertel« erschienen.

EBELING: In der Vorbereitung der historischen Ausstellung über das Viertel in der Puppenstube haben wir mit diversen Museen, Archiven, Stadtplanern gesprochen. Da kamen natürlich auch diverse Nachfragen. Wir haben einerseits was durchblicken lassen, andererseits wollten wir nicht zu viel verraten. Aber ich erinnere mich an viele schmunzelnde Gesichter, auch bei offiziellen Stellen. Das war unglaublich, wie viele Menschen in entscheidender Rolle das begrüßt haben, inoffiziell natürlich. Das hat uns bestärkt.

WALTER: Wir haben die Stadt mit den roten »Komm in die Gänge«-Punkten gepflastert. Ein paar Tage vor der Aktion gab es dann dieselben Aufkleber mit Datum versehen. Und die Mundpropaganda hat so gut funktioniert, dass wir vor der Besetzung das Gefühl hatten, es ist fast schon zu bekannt. Die

Polizei ist ja auch nicht doof. Spätestens als wir dort ein paar Dixie-Klos haben anliefern lassen, kamen die vorbei und haben nachgefragt: »Ihr plant aber keine Besetzung, oder?«

EBELING: Offiziell haben wir die Besetzung »Hoffest« mit »kultureller Bespielung« genannt.

WALTER: Wir haben jedes Haus untersucht, Fenster zugeschraubt, Stockwerke gesperrt – es gab Instruktionszettel für all die 200 Leute, die dabei mitgemacht haben. Alle waren gebrieft und getimed für einen ganz bestimmten Ablauf. Wir hatten ganz schön Herzklopfen.

TAMPE: Wir hatten ausgemacht, dass es für die zwölf Gebäude des Viertels mindestens je einen »Paten« gibt. Diese Paten trafen sich am Tag der Besetzung im Vorgarten der einzigen Familie, die noch im Gängeviertel wohnte – das ist dann die »Familie« geworden. Nach ein paar Wochen war aber klar, dass diese enge, familiäre Struktur nicht haltbar ist. Wir mussten die Struktur öffnen, Vollversammlungen machen – ein sehr schwerer Prozess, bis heute.

KOWALSKI: Ich bin, wie viele andere, erst am Montag dazugestoßen. Aber das Tolle war: Obwohl ich dort niemanden wirklich kannte und dort so reingestolpert bin, war das kein Problem.

TAMPE: So ist Hamburg nun mal. Man wird nicht sofort freudestrahlend begrüßt, weil alle so viel zu tun haben. Aber wenn man ein paar Tage auf dem Platz ist, ist es ganz leicht.

WALTER: Viele von den Besetzern haben sich auch erst in der Vorbereitung kennengelernt. Das war in vielen Fällen eine Sache auf den dritten Blick. Ich denke oft: Niemals, unter keinen anderen Umständen wären diese beiden Leute zusammengekommen als unter diesen hier.

TAMPE: Diese Gruppe besteht aus sehr unterschiedlichen Menschen. Da gibt es totale Freigeist-Künstler, da gibt es Architekten und Stadtplaner und Linksaktivisten. Die alle unter einen Hut zu bringen, ist fast unmöglich. Deswegen spalten sich auch immer wieder Leute ab und andere kommen dazu.

KOWALSKI: Einige von denen, die abgesprungen sind, kommen eher aus dem klassischen linken Milieu. Die konnten nicht davon abrücken, die Besetzung als antistaatliche, antibürgerliche Kritik zu verstehen – und zwar nur als das. Und sie hatten klare Vorbehalte gegen diese Form der bürgerlichen Einladung an alle. Ein anderer Punkt war, dass es von denen den Anspruch gab, Konsens-Entscheidungen zu fällen. Also so lange zu diskutieren, bis alle sich einig sind. Du kannst aber nicht Konsens herstellen, wenn Entscheidungen von einem auf den anderen Moment gefällt werden müssen.

TAMPE: Als die Gruppe noch klein war, war das noch möglich und so verabredet. Als wir dann wuchsen und wuchsen, standen wir wieder vor dieser Frage: Wie entscheidet man. Das mögen für Aktivisten, die schon lange in politischen Strukturen arbeiten, oft durchdachte Fragen sein. Aber bei uns gibt es auch viele, für die das vollkommen neu ist. Künstler haben oft ein riesiges Ego, was mit dem Selbstverständnis von Aktivisten vollkommen konträr geht.

EBELING: Und wir mussten eine Menge Leute schnell einbinden, die bei der Vorbereitung nicht dabei waren, die wir nicht kannten.

WALTER: Man kann auch nicht wegdiskutieren, dass es unter uns Leute gab und gibt, die einen Wissensvorsprung haben, auch weil sie das Viertel einfach richtig gut kennen. Trotzdem sind die Entscheidungen in einer großen Gruppe gefällt worden – und am Ende des Tages haben alle sie akzeptiert.

KOWALSKI: Zu akzeptieren, dass es diese informellen Hierarchien gibt, war in den ersten Wochen schon ein Problem – gerade viele Aktivisten kamen mit dem Anspruch an, dass in solchen Prozessen jede Stimme gleich viel Gewicht hat. Umgekehrt saßen da auch viele, die gar nicht diskutieren, sondern von anderen gesagt bekommen wollten, was sie zu tun haben. Da verbringt man sein ganzes Leben mit der Frage, wie man zu selbstbestimmten, autonomen Entscheidungen kommt – und plötzlich sitzen dir Leute gegenüber, die sagen: »Ich bin eine Ameise, sag mir, was ich machen soll!« Da treffen Welten aufeinander.

TAMPE: Was diese unterschiedlichen Welten zusammenhält, ist letztlich die Verantwortung, die wir mit dem Gängeviertel geschultert haben. Wir haben eine enorme Verantwortung gegenüber der Debatte um Gentrifizierung, die sich am Viertel entzündet hat. Was passiert, wenn das gegen die Wand fährt? Und das kann nur passieren, wenn es von innen her nicht mehr funktioniert. Wie viel verbrannte Erde produziert man dann?

WALTER: Die schwierigste Entscheidung war, im Oktober die Gebäude mit den beiden großen Veranstaltungsräumen aufzugeben. Die mussten an den Investor übergeben werden, um die Kaufabwicklung nicht zu gefährden. Hanzevast hatte den Kauf des Gängeviertels in zwei Schritten zu machen: Der Teil mit Fabrik und Druckerei war unter Verwaltung der SpriAG, das musste im Oktober geschehen. Für den Rest war die städtische Wohnungsgesellschaft SAGA verantwortlich, das wäre erst im März fällig gewesen. Wir wussten nun zu diesem Zeitpunkt bereits, dass die Stadt aktiv über die Rückabwicklung des gesamten Vertrages verhandelt. Ich war überzeugt davon, dass wir die Gebäude wiederbekommen. Und die Rückgabe hat unsere Verhandlungsposition auf dem Weg, das ganze Gängeviertel zu bekommen, extrem gestärkt. Das war eine rein taktische Entscheidung.

KOWALSKI: Ich war bis zum letzten Moment dagegen, die Fabrik und die Druckerei zu räumen. Aber im Nachhinein denke ich, dass es richtig war. Die Entscheidung hat dazu beigetragen, dass wir heute noch dort sind. Ich war total dagegen, überhaupt eine Zwischennutzungsvereinbarung mit der Stadt zu unterschreiben – was ja schon am Dienstag nach der Besetzung geschah. Weil ich die Angst hatte, dass man auf diese Weise den politischen Gegensatz zur städtischen Politik nicht mehr thematisieren kann, weil man sich auf einen Kooperationsweg begibt und gemeinsame Sache machen muss. Damit war ich nicht alleine. Aber ich bin undogmatisch genug, um heute sagen zu können, dass diese softe Schwiegermuttertraum-Strategie anfangs gut funktioniert hat.

WALTER: In den Verhandlungen ging es am Anfang erst mal um die Nutzungsvereinbarungen. Dann wollte sich die Kulturbehörde mit uns über Ausweichflächen unterhalten – das haben wir aber nicht gemacht. Wir haben nie gesagt, wo wir sonst hinwollen und uns nie angehört, wo sie uns reinstopfen wollen. Diese Diskussion haben wir nicht zugelassen.

EBELING: Abgesehen davon, dass es diese Ausweichflächen gar nicht gab. Da wurden immer irgendwelche Ateliergebäude ausgerufen, die längst verplant waren. Das war nicht ernst zu nehmen. Außerdem sind wir bewusst ins Herz der Stadt, in die City gegangen. Mit der klaren Aussage: Wir wollen nicht in die Randgebiete, in irgendwelche Ecken, die jetzt bitteschön zu gentrifizieren sind. Dieser Ruf nach Raum für Künstler und Kreative schwang zwar mit, war aber nicht ausschlaggebend. Uns war wichtiger zu sagen: Die Stadtentwicklung hier läuft aus dem Ruder. Das an einem zentralen Ort, in einem Denkmal klarzustellen – deutlicher kann man es nicht machen.

WALTER: Ein großartiger Aspekt am Gängeviertel ist doch, dass die Umgebung hier fertig ist. Wir können uns schlimmstenfalls nur noch selber gentrifizieren – wir sind hier keine Pioniere oder Rammböcke für Aufwertung. Denn wie teuer soll es noch werden? Dennoch strahlen wir auf die Stadt aus. Das ist anders als an allen anderen Orten, die Künstler und Kreative üblicherweise zwischennutzen.

KOWALSKI: Die Mitschuld an Gentrifizierung werden wir trotzdem nicht los. Die Stadt kann jetzt auf das Gängeviertel verweisen, wenn sie zeigen will, wie offen und innovativ sie ist. Auch wenn sich de facto sonst nichts ändert.

WALTER: Das sind hilfsbedürftige Häuser, du kannst sie nicht mit einer permanenten Besetzung retten, du brauchst Geld, sonst kannst du das alles hier in ein paar Jahren zusammenschieben. Dass sich die Stadt damit brüsten wird, wenn wir zu einer Verhandlungslösung kommen, können wir nicht verhindern. Die interessantere Frage ist: Bestimmen die, was hier geht, oder machen wir das? Und da sind sich hier alle einig: Das Viertel ist nur in Selbstverwaltung zu entwickeln. Teillösungen sind nicht akzeptabel.

KOWALSKI: Ich glaube ja, dass die Finanzkrise hier noch in ganz anderer Weise dem Gängeviertel zugespielt hat. Seit diesem Crash redet man plötzlich wieder ganz anders über Kollektivität. Uns haben unheimlich viele Menschen besucht, die sich plötzlich Gedanken darüber machen, was ist, wenn der Sozialstaat kollabiert. Wie können wir uns anders unterstützen, als auf den Staat zu hoffen? Das waren häufig Gespräche, die ich dort geführt habe. Das darf aber nicht dazu führen, dass man nicht mehr darüber redet, dass es ein staatliches soziales Sicherungssystem geben muss. Das Gängeviertel muss auch ein Ort sein, der benennt, wo unsere Gesellschaft Ungerechtigkeiten schafft, und sie nicht nur zu kitten versucht. Das ist elementar.

WALTER: Vor allem ist das Gängeviertel ein Möglichkeitsraum. Leuten, die nicht die Kraft und den Glauben haben, die Räume selbst zu erobern, ermöglichst du, dazuzustoßen, weil du den ersten Schritt schon gemacht hast.

KOWALSKI: Ich glaube fest an Möglichkeitsräume. Aber die nehmen ihre Kraft auch sehr stark aus dem Moment der Grenzüberschreitung und des Zwischenzustands. Das ist ein heikler Punkt: Was passiert mit dem Zwischenraum, wenn er sich verfestigt? Für die Zukunft wird das eine entscheidende Frage sein: wie sich das Überraschende und Flüssige mit der Idee verträgt, einen Ort zu institutionalisieren. Natürlich kann man damit auch scheitern. Das entlässt uns aber nicht aus der Notwendigkeit, diese Orte zu erobern. Denn nur, wenn es Orte wie das Gängeviertel gibt, bleiben bestimmte Gedanken und Utopien im Gedächtnis.

Kapitel 7
Auf dem Weg zu einer Stadt für alle

Gentrifizierung ist Klassenkampf von oben

Es gibt keinen Dr. No, der die Hebel und Knöpfe der Aufwertungs- und Verdrängungsmaschine bedient. Gentrifizierung findet statt, so die allgemeine Auffassung, wenn und weil Angebot und Nachfrage zusammenkommen. Auf der einen Seite die Nachfrager: der aufstrebende »Bionade Biedermeier«[139], jene neue, beruflich heterogene Angestellten- oder Freelancer-Kaste, die nicht, wie noch die Elterngeneration, im Vorstadt-Einfamilienhaus mit Garten, Garage und klaren Geschlechterrollen leben will. Auf der anderen Seite das Angebot: sanierte Altbauwohnungen, Fabriklofts, ausgebaute Dachgeschosse, Neubau-Eigentumswohnungen in zu »Szenevierteln« aufgestiegenen innerstädtischen Wohngebieten. Angebot und Nachfrage treffen sich. Gewinner sind die Immobilienfirmen und Grundbesitzer, Verlierer sind alle die, die mit dem gestiegenen Preisniveau nicht mithalten können: Zuerst verschwinden die proletarischen und subproletarischen Bewohner, die Rentner und Migranten mit kleinem Einkommen. Dann trifft es die sogenannten »Pioniere«, die die Viertel hip gemacht haben: Studenten, Künstler,

Bohemiens. Und auch einige von den sympathischen kleinen Shops und Kneipen können irgendwann nicht mehr mithalten. Die Armen ziehen in die Sozialgroßsiedlungen am Stadtrand, die Pioniere weichen in das nächstgünstige Viertel aus und schaffen dort die Voraussetzungen für den nächsten Gentrifizierungsprozess. Von Hamburg-St.Pauli nach Barmbek-Süd oder Wilhelmsburg, vom Berliner Prenzelberg nach Neukölln, von der Kölner Südstadt nach Ehrenfeld. Und so weiter. Und so fort. So lassen sich, vergröbert und typisiert, die Aufwertungs- und Verdrängungsprozesse in deutschen Großstädten zusammenfassen.

Von wegen Angebot und Nachfrage: Auch für Gentrifizierung trifft die alte Erkenntnis über den Kapitalismus zu – dass soziale Verhältnisse im Marktgeschehen durchgesetzt werden. In Mumbai, Delhi, Seoul oder Tijuana, wo Baufirmen, Investoren und Lokalpolitiker aus den Slums mit Bulldozern und Prügelgarden neues Bauland machen, mag es mit Händen zu fassen sein. Aber die Wahrheit gilt auch bei uns, wo die Aufwertungs- und Verdrängungsprozesse schleichend vor sich gehen: Gentrifizierung ist Klassenkampf von oben. Die Klassenkämpfer sitzen nicht nur in den sanierten Altbauwohnungen, in den Café-Lounges und Yoga-Etagen der ehemaligen Schmuddel- und Arbeiterviertel. Nicht nur in den Maklerbüros und Unternehmenszentralen der Banken, der Baubranche und der Immobilienfirmen. Sie sitzen auch in den Parlamenten und den Behörden. Denn Aufwertung und Verdrängung entstehen nicht nur aus den zahlungskräftigen Wohn- und Wohlstandsbedürfnissen der neuen Mittel- und Oberschichten oder den Gewinnerwartungen auf dem Immobilienmarkt. Gentrifizierung braucht Unterstützung durch die Politik. Dass die städtebauliche Erneuerung in Sanierungsgebieten sich als effektives Instrument zum sozial befriedeten Austausch der Bevölkerung erwiesen hat; dass Mietenspiegel, erfunden, um Mietpreissteigerungen zu begrenzen, heute ein Mieterhöhungsinstrument sind; dass die Städte ihre kommunalen Wohnungsgesellschaften, die sich um den sozialen Ausgleich in Wohngebieten kümmern sollten, als *Profit Center* in die Pflicht nehmen; dass städtische Wohnungsbestände *en gros* privatisiert werden, dass die Finanzbehörden der Städte selbst zu Preistreibern auf dem

Immobilienmarkt geworden sind – all das sind politische Entscheidungen, die den Abstand zwischen den Milieus in den Großstädten vergrößern. Seit Jahren rechnen Mieterorganisationen vor, wie die Hartz-IV-Reformen Gentrifizierung vorantreiben: Wer nach den Kriterien des ALG-II-Gesetzes in einer zu teuren oder zu großen Wohnung lebt, erhält von der Sozialbehörde »Kostensenkungsaufforderungen«. Die Kostensenkung besteht dann meist darin, dass sich die Betroffenen eine Wohnung in den schäbigeren Stadtteilen außerhalb suchen müssen. So tragen sogar energetische Gebäudesanierungen – weil die Vermieter die Kosten auf die Miete umlegen können und damit die »Angemessenheit« der Wohnung gefährden – zur Verdrängung von Hartz-IV-Empfängern bei.

Die »zielgruppenorientierten« Strategien neoliberaler Stadtpolitik treiben die Segregation voran. Am Beispiel der Kindertagesstätten-Vergabepolitik in Hamburg: Ende der Neunziger diagnostiziert eine Studie des Jugendamtes, dass etwa 30 Prozent der Ganztagesplätze von Kindern belegt wird, deren Eltern nicht arbeiten. Die Umstellung auf ein neues »Gutscheinsystem« korrigiert ab 2003 diese Verhältnisse: Statt arbeitslose Familien und Kinder mit »Integrationsbedarf« zu bevorzugen, zeigt sich die neue Vergabepraxis nun gegenüber berufstätigen Eltern großzügig – und hier vor allem gegenüber den Freiberuflern. 2006 stellt eine Studie fest, dass es auf der Sonnenseite der Stadt »nahezu nach einer Vollversorgung«[140] aussieht, während die Zahl der Ganztagesplätze in den »belasteten« Stadtteilen um ein Drittel gesunken ist.

Gentrifizierung ist kein »Prozess« ohne Namen und Adresse. Sie ist das politisch beförderte Recht des Stärkeren, angewandt auf den Stadtraum. Sie ist das Mittel, mit der die Koalitionen aus politischen Entscheidungsträgern, Bau- und Immobilien-Wirtschaft sowie privilegierten Bürgerlobbys unsere Metropolen durchsortieren. Das Resultat sind die gut ausgestatteten, für die Work-Life-Balance optimierten Gegenden für das obere Viertel der Bevölkerung ebenso wie die sozial und kulturell abgehängten Ecken für das untere Viertel. Gentrifizierung macht aus einem Milieu der Vielen ein Produkt für Wenige.

Was soll der bohemistische Schuldkomplex?
Oder: Auch Gentrifizierer können streiken

Können sie wirklich? Stehen nicht auch die auf der Täterseite, die die betreffenden Stadtteile erst wachgeküsst haben? Die studentischen WGs, die Künstler und Musiker, die kleinen Gastronomen und Ladenbetreiber, die aus ihnen gefragte »Szeneviertel« gemacht haben? Hat nicht sogar die linke Politkultur ihren Anteil, weil sie für ein authentisch alternatives Flair sorgt? Selbstquälerische Fragen, die auftauchen, wo immer das Verhältnis von Stadtentwicklung auf der einen sowie Kunst, Kultur und »Szene« auf der anderen Seite zur Sprache kommt. »Sobald man irgendetwas Nettes veranstaltet, trägt man doch zur Gentrifizierung bei«, rief ein Teilnehmer einer Diskussion zur Hamburger »Recht auf Stadt«-Bewegung in Berlin-Kreuzberg in die Runde. »Im Grunde sollte man doch am besten gar nichts machen.«

Aber nichts machen geht nicht. Also ist es vielleicht besser, sich vom bohemistischen Schuldkomplex erst frei zu machen und einen klaren Kopf zu bekommen. Denn wenn sich das Wirken der Gentrifizierungspioniere in einer kräftigen Immobilienwertsteigerung materialisiert hat, sind es ohnehin nicht die Bohemiens, die davon profitieren. Oder anders gesagt: Die sogenannte »kreative Klasse« hat einen umfangreichen Bodensatz, der lauter gute Gründe hat, die Klassensolidarität aufzukündigen. Zumal die »Kreativen« ohnehin ein windiges Konstrukt sind, eine Standort-Fata-Morgana, die sich beim Näher- kommen in völlig disparate Milieus und Interessenslagen auflöst. Die Stadtentwicklungspolitik pflegt diese Unterschiedlichkeit in Etappen einer ökonomischen Erfolgsstory umzudeuten: Die, die sich mühsam durchschlagen, haben es eben einfach noch nicht geschafft und befinden sich als Nachwuchs, Start-ups, Inkubatoren, Katalysatoren und Ähnliches auf dem Weg nach oben. Die Realität ist eine andere. Wer sich zwischen selbstausbeuterischer Projekthuberei, Kneipenjob und Pixelschubsen an der Grenze seiner Dispokredite entlanghangelt, braucht sich wenig Hoffnung darauf machen, zum ökonomisch erfolgreichen Sahnehäubchen der *Creative Industries* aufzuschließen.

Das Mindeste, was das kreative *Freelancer*-Proletariat machen kann, ist, sich Rechenschaft über seine eigene stadträumliche Situation abzulegen. Gibt's hier nicht mittlerweile genügend mit Free-WLAN ausgestattete Cafés, in denen wir unsere Laptops aufklappen können? Können wir uns die vielen Bars und Restaurants in Babyfon-Reichweite, die Mac-Shops und Ökoläden auf dem Nachhauseweg überhaupt leisten? Sind unsere Lebensgrundlagen etwa die bescheidenen Fördertöpfe und -programme der Kulturstiftungen und -behörden? Oder die für »kreative Start-ups« gebauten »Kreativimmobilien«? Sollen wir darauf setzen, dass uns demnächst die städtischen »Kreativ«-GmbHs und »Zwischennutzungsagenturen« günstige Räume in einer Stadt freischaufeln, in der wir die Atelier- und Büromieten eigentlich gar nicht mehr bezahlen können? Und die anderen, die nicht als »kreativ« gelten, was ist mit denen? Wo sind eigentlich die Autoschrauber und Fahrradwerkstätten hin und die Gebrauchtmöbelhöker, die mal zum Stadtteil gehörten? Weshalb gibt's bei uns im Viertel kein einziges Elektrofachgeschäft mehr, das sich mal den kaputten DVD-Player anschauen kann?

Oder spricht aus solchen Fragen am Ende doch bloß das sentimentale Bedürfnis nach dem guten alten Sozialmix, das wieder die eigene Position im Gentrifizierungsprozess nicht ernst nimmt? In einer Rezension des Manifestes »Not In Our Name, Marke Hamburg« heißt es, unsere Kritik der unternehmerischen Stadt sei nicht »die Kritik der Ausbeutung, sondern der Ausgrenzung derer, die doch als Ressource für die Produktion authentischer Intensitäten gebraucht werden. Namentlich der Unterschicht, ohne die eine Boheme nicht zu haben ist. Die Selbstmarginalisierungsstrategie der Coolness ist auch auf den türkischen Spätkauf, die Hartz-IV-Eckkneipe und die Autonomenrandale für ihre Produktion einer rauen Echtheit des Unterschieds angewiesen.«[141]

Ach ja, vielleicht ist sie das. Vielleicht ist die »Selbstmarginalisierungsstrategie der Coolness« aber auch bloß ein weiteres Klischee und kann einem Wurst sein. Vielleicht sind die Hartz-IV-Eckkneipe oder der türkische Spätkauf einfach nützlich, wenn man nach Ladenschluss noch mal ein Bier oder einen Salatkopf braucht. Und womöglich haben die Wirte und Ladenbesitzer sogar was zum Thema zu sagen. Wenn man sie denn fragt. In Hamburg wirkte der Film *Empire St. Pauli*[142], der genau das gemacht hat, wie ein unerwarteter Startschuss zur »Recht auf Stadt«-Mobilisierung. Türkische Kids und Muttis, Ballonseideträger und Eckkneipen-Stammgäste erzählten in der Grassroots-Dokumentation ihre Version vom Umbau des Kiezes zur videoüberwachten Event- und Apartment-Boomtown. Kämpferisch, lustig und so agitatorisch, dass es nach Vorführungen zu Spontan-Demonstrationen kam. Es war ein warmer Frühsommer, der Film eroberte die Herzen, und auf einmal machte es einfach mehr Sinn, sich mal ganz prinzipiell mit den Parias zu solidarisieren, als sich *ad infinitum* das alte Zerknirschtheits-Mantra vorzubeten: Wenn wir nicht hierher gezogen wären, wäre das Viertel für die Immobilienbranche doch gar nicht interessant? Na, dann wird's ja höchste Zeit, dass wir mal was unternehmen!

Aber was denn? Laptop-Proletarier aller Städte, vereinigt euch? Wie geht denn nun der Streik der Gentrifizierer? Vielleicht erst mal in Form einer Klarstellung. Warum nicht mal öffentlich die soziale Frage gegen die *Creative City*-Kulisse setzen? Da sie nun mal ständig ins Bild gerückt werden, warum sollten die Kreativen nicht die Aufmerksamkeit zur qualifizierten Imagebeschmutzung nutzen? Das Manifest »Not In Our Name, Marke Hamburg« war so ein Versuch, die den Kreativen zugewiesene hervorgehobene Position umzudrehen, um zu sagen: Wir mögen das Produkt nicht, für das ihr uns in Szene setzt. Der Versuch, öffentlich und prominent von den Verhältnissen zu sprechen, die im Zerrbild der *Image City* retuschiert sind: Die steigenden Mieten, die Privatisierung öffentlicher Aufgabenbereiche, das Umschalten von einer sozial ausgleichenden zu einer zielgruppenorientierten, segregierenden Stadtpolitik. Weil all das die unteren Etagen der Kultur- und Wissensökonomien ebenso betrifft wie all die anderen Prekären, war das Manifest anschlussfähig für Akteure, denen man die Mikrofone nicht vor die Nase zu halten pflegt. Unter den über 5000 Hamburgerinnen und Hamburgern, die es unterzeichnet haben, finden sich nicht nur Musiker, Künstler, Designer, Journalisten, sondern auch Krankenschwestern, Handwerker, Versicherungskaufleute, Arbeitslose, Rentner oder IT-Administratoren.

Wenn die Stadt unsere Fabrik ist[143], dann sind solche Klarstellungen womöglich nicht mehr und nicht weniger als symbolische Maschinenstürmereien. Immerhin beeinträchtigen sie zwischenzeitlich das Investitionsklima. Denn das Unternehmen Stadt bekommt Probleme in der Außendarstellung, wenn Teile der Belegschaft die PR-Abteilung kapern. Die Besetzung des Hamburger Gängeviertels, die Schlauchboot-Blockade auf der Spree anlässlich der Investoren-Werbefahrt zur Vermarktung des Berliner »Mediaspree«-Großprojektes[144], das zum Kölner Karneval 2010 lancierte Schmählied »Ihr seid Künstler«[145]: nur einige Beispiele dafür, dass es Spaß machen kann, der anderen Seite den Spaß an der Standortvermarktung zu nehmen. Der Streik der Gentrifizierer fängt mit dem Kampf um Diskurshoheit an. Die ist – zeitweilig und immer mal wieder – herzustellen. Schwieriger ist der nächste Schritt: die Eigentumsfrage.

Aneignen ist auch eine Investition.
Oder: Von der Nische zur Schneise

»Kleine Krämerläden, arabische Falafelimbisse, italienische Pizzabäcker mit Liedern der Adria auf den Lippen, Krims-Krams- und Plattenläden zum Stöbern, urige Kneipen wie Omas Apotheke für das gepflegte Feierabendbier, Beach-Clubs, coole Bars für coole Typen«[146] – so wirbt eine Immobilienfirma für Eigentumswohnungen im Hamburger Schanzenviertel. Die lebendige Atmosphäre im Stadtteil, das Wirken »kreativer Milieus« wird zur geldwerten Eigenschaft von Wohnstandorten. Der Widerspruch ist offensichtlich: Natürlich wird der Stadtteil in dem Maße, wie der Immobilienmarkt ihn zum Geschäftsmittel macht, unzugänglicher für den weniger kaufkräftigen Teil jener »quirligen Mischung«, mit der man doch gerade für den Standort wirbt. Der singende italienische Wirt mag noch vom Aufschwung profitieren. Sein afrikanisches Küchenpersonal aber wird nicht mal mehr die feuchte Souterrain-Wohnung bezahlen können, wenn die Sanierung abgeschlossen ist. Und schließlich verschwinden mit den »kreativen« Pionieren, die sich die Mieten nicht mehr leisten können, dann auch jene

Vibes, die bei den wohlhabenden Gentrifizierern der zweiten Welle so gefragt sind. »Wenn ein Ort langweilig wird, gehen auch die reichen Leute«[147], sagt Richard Florida.

Was hier geschieht, ist ein Enteignungsprozess: Investoren nutzen Milieus, Atmosphären, soziale Mischungen für die *Performance* ihrer Anlagen, verdienen also Geld mit Umständen, die sie nicht geschaffen haben und die ihnen nicht gehören. Ihnen gehört nur das Grundstück, das Gebäude. Nicht die Verhältnisse, die Milieus und sozialen Zusammenhänge um sie herum. Dass Bauprojekte, Sanierungen und Privatisierungen den weniger solventen Bewohnern die Teilhabe am städtischen Leben entziehen, ist seit jeher Anlass für Proteste. Sie entzünden sich gemeinhin an konkreten Projekten: Stadtbewohner kämpfen an lokalen Brandherden gegen Mietwucher oder spekulativen Leerstand, für den Erhalt einer Grünfläche, für eine echte Mitsprache bei Planungsprozessen, gegen die Zubetonierung des Flussufers oder den Verkauf städtischer Liegenschaften. Lassen sich diese Auseinandersetzungen auf einen gemeinsamen Begriff bringen? Was ist die Gemeinsamkeit zwischen renitenten Kleingärtnern, deren Lauben verschwinden sollen, einem linksautonomen Stadtteilzentrum und einer Bürgerinitiative gegen die Privatisierung von Strom- und Wassernetzen?

Der kleinste gemeinsame Nenner im Widerstand ist der Verwertungskomplex, dem man gegenübersteht. Es geht gegen die Verwandlung der Stadt in ein Portfolio von Anlagemöglichkeiten. Der Kampf für verdichtete Unterschiedlichkeit als Allmende, als Gemeineigentum aller Städter: Das ist das Recht auf Stadt, das die lokalen Bewegungen verbinden kann. Die Stadt nämlich ist weder das Produkt planerischer, architektonischer, politischer oder unternehmerischer Einzelleistungen. Noch ist sie das Produkt einer gemeinschaftlichen Anstrengung. Das ist die Erkenntnis, die uns frühe Stadtsoziologen wie Henri Lefèbvre oder Jane Jacobs in Absetzung von der Moderne der funktionalen Stadt hinterlassen haben. Stadt ist verdichtete Unterschiedlichkeit, will heißen: Sie ist das gemeinschaftliche Produkt individueller Aneignungen. Die urbane Community ist sozusagen das, was die Unterschiedlichen verbindet. »Man kann auf ausgezeichnetem Fuß mit Leuten stehen, die sehr verschieden von einem selbst sind, und mit der Zeit auch gewisse vertraute, aber öffentliche Beziehungen zu ihnen bekommen«, schreibt Jane Jacobs in ihrer Analyse des Straßenlebens der US-Metropolen an der Wende der fünfziger zu den sechziger Jahren. »Sie bilden sich gerade, weil sie zum normalen öffentlichen Auftreten der Menschen nur beiläufig dazu gehören.«[148] Diese Beiläufigkeit ist – im Unterschied zu den Werte- und Lebensstilgemeinschaften in Dörfern oder *Gated Communities* – der Inbegriff des urbanen Zugehörigkeitsgefühls. Um im Bild zu bleiben: Die Stadt ist eine Fabrik, in der jeder sein Ding macht.

Das macht es schwierig, von einem städtischen »Wir« zu sprechen. In den achtziger Jahren gehörte der Begriff »Unser Viertel« zum guten Ton unter Linken. Aus den temporären Koalitionen von Autonomen, Stadtteilaktivisten und bürgerlicher Anwohnerschaft im Kampf gegen Spekulanten, Mietwucher, Abrisssanierung oder Großprojekte wurde in der Rhetorik eine widerständige Wertegemeinschaft. So heißt es etwa 1988 in einem Flugblatt der Hamburger »Flora-Gruppe«, die den Abriss des alten Flora-Theaters im Schanzenviertel zugunsten eines Musicalhauses verhindern wollte: »Die Sanierung wird unseren Lebensraum derart umgestalten, dass wir in unseren eigenen Vierteln zu Fremden werden, bis wir diese mehr oder weniger freiwillig verlassen. So versuchen sie, in unseren Alltag einzudringen, uns unserer Lebensweise zu berauben, uns voneinander zu trennen, damit wir nicht mehr miteinander reden können. So versuchen sie, unseren Widerstand zu brechen.«[149]

Nicht nur im Falle des Flora-Theaters, aus dem nach dem Rückzug der Investoren die bis heute besetzte »Rote Flora« geworden ist, haben die damaligen Kämpfe eine Menge konkreter Erfolge hinterlassen: Durch Hausbesetzungen, Mietstreiks, zivilen Ungehorsam, Demonstrationen und juristische Verfahren konnte man der Politik Wohnraum und soziokulturelle Einrichtungen abtrotzen. Proteste verhinderten den Flächenabriss ganzer Straßenzüge und Viertel. Und das handwerkliche, bau- und finanztechnische Wissen, das sich Aktivisten im Verlauf dieser Prozesse angeeignet haben, hat seinen Niederschlag in alternativen Bauträgern, Genossenschaften, Wohnprojekten oder Mieterorganisationen gefunden, die teilweise bis heute bestehen.

Aber »unser Viertel«? Selbstkritisch fragte man sich im Rote-Flora-Kollektiv schon 1998, ob die seinerzeit erfolgreichen Proteste gegen den Bau eines Musicaltheaters rückblickend nicht bloß »das Korrektiv einer überhitzten Stadtplanung sind und objektiv lediglich für langsamere und sozialverträglicher organisierte Aufwertungsprozesse« gesorgt haben. Und ob sich in diesen Kämpfen nicht bloß »die weißen deutschen mittelständischen Autonomen verstärkt Sorgen um das Schicksal ihrer weißen ViertelmitbewohnerInnen gemacht«[150] haben. Etwas weniger harsch formuliert: Aus den Kämpfen gegen Gentrifizierung und Umstrukturierung sind – neben einigen Unternehmerkarrieren – vielfältige selbst organisierte Institutionen und Räume entstanden, die teilweise Stachel im Fleisch und teilweise von oben gefördertes Korrektiv der Auswirkungen des freien Grundstückmarktes sind. Oft sind sie auch beides zugleich. In jedem Fall sind es Nischen im Immobilienmarkt, in die eine Menge nützliches Wissen geflossen ist. Die Fähigkeiten zur Organisation, zum geschickten Umgang mit Behörden, Kreditgebern, Grundeigentümern und Medien kompensieren sozusagen die fehlende Liquidität. Sie ermöglichen es, sich Räume anzueignen, die man sich auf dem freien Markt nicht leisten kann. Nicht zufällig ist es daher vor allem ein deutsches, akademisches, linkes Milieu, das in den Wohnprojekten und Baugruppen zusammenfindet, die in den großen Städten angesichts steigender Mieten eine attraktive Alternative für mittelständische Haushalte geworden sind.

In Berlin haben sich Baugruppen daher den Vorwurf eingehandelt, selbst »Baustein im laufenden Verdrängungsprozess«[151] zu sein: So der offene Brief einer »Kiezinitiative« an linke Mitglieder der Baugruppe »KarLoh«, die in Alt Treptow Eigentumswohnungen baut. Die wehren sich mit dem Argument, dass das Projekt zwar nicht revolutionär sei, aber eben auch kein »Investitionsobjekt auf dem Immobilienmarkt«. Es ermögliche »Mitgliedern unserer Gruppe, die Kinder haben und in einer Reihe anderer Zwänge und Verpflichtungen der kapitalistischen Gesellschaft stecken, weiter politisch aktiv zu sein«[152]. Die Retourkutsche der »Kiezinitiative«: »Für arme

Leute, deren Eltern auch nichts oder wenig hatten, bleibt Kämpfen und Widerstand leisten eine andere Nummer als für eine Mittelschichtslinke, die sich gerne als prekär inszeniert, es aber nicht ist (…)«[153]

Jenseits von der innerlinken Debatte, ob und unter welchen konkreten Voraussetzungen Wohnprojekte in Schutz zu nehmen oder zu verdammen sind: Der Berliner Baugruppenstreit berührt ein zentrales Dilemma. Offensichtlich ist die Sorte von Selbstermächtigung, die hier und jetzt Alternativen zur Verdrängung schafft, nicht für jeden verfügbar. Dabei mag auch der Geldbeutel eine Rolle spielen: Hartz-IV-Empfänger, alleinerziehende Mütter und auf eine schmale Rente angewiesene Senioren dürften Probleme haben, die für den Einstieg in Wohnprojekte notwendigen Anteile aufzubringen. Aber dafür gibt es Lösungen. Zum Beispiel das Modell des Freiburger Mietshäuser-Syndikats[154] – ein wachsender Verbund von Hausprojekten, der auf einer solidarischen Idee basiert: Man kauft oder baut Häuser im Kollektiv, ohne damit individuelle Eigentumsrechte zu verknüpfen, und ermöglicht mit einem auf die (bezahlbare) Miete aufgeschlagenen »Solidarbeitrag« die Anschubfinanzierung für weitere Projekte. Die Finanzierung allerdings basiert nicht zuletzt auf den sozialen Netzwerken, die die Mitglieder der Projektinitiativen mitbringen. Um nicht von kommerziellen Bankkrediten abhängig zu sein, die die Mietkosten in die Höhe treiben, sammeln sie günstige Direktkredite in ihrem Umfeld und bei politischen Sympathisanten ein. »Lieber tausend FreundInnen im Nacken als eine Bank«[155] lautet ein Slogan des Mietshäuser-Syndikats.

Doch wer hat schon tausend Freundinnen und Freunde? Die obendrein noch Geld übrig haben? Und dann sind da noch die oft jahrelangen Projektgründungsphasen, die Verhandlungen zum Hauskauf, die Formalitäten zur Gründung eines Vereins, die Suche nach Architekten, Baufirmen, die mühsame Gruppendynamik der Hausgemeinschaften. Offensichtlich erheischt diese Sorte von Aneignung soziales und kulturelles Kapital, das in den sogenannten Problemstadtteilen nicht im Überfluss vorhanden ist. Die konkrete Utopie selbstbestimmten, kollektiven Lebens zu günstigen Konditionen, die man gemeinsam dem Markt abtrotzt, ist bislang ein Aneignungsmodell für die

Chosen Few eines linken Bildungsmilieus. Dennoch: Sofern sie offene Räume darstellen, die allen den Schritt zur Selbstermächtigung ermöglichen, können sie anstiftende Funktion haben und Antigentrifizierungsmaschinen auf dem Weg zu einer Stadt für alle werden. Orte wie das Gängeviertel mögen Nischen in der neoliberalen Stadt sein – wir können aus ihnen Schneisen machen.

Recht auf Stadt oder Barbarei

Wer das Recht auf Stadt umsetzen will, braucht Mittel, um Investitionen in eine Stadt für alle zu ermöglichen. Diese Mittel sind in den kommunalen Haushalten weniger verfügbar als je zuvor. Die Finanzkrise hat seit 2008 die Haushaltslage der deutschen Städte dramatisch zugespitzt. Drastisch wachsenden Sozialausgaben der Kommunen – die sich in den letzten zwei Jahrzehnten nahezu verdoppelt haben – steht ein Rückgang von Steuereinnahmen in Milliardenhöhe gegenüber. Die kommunalen und bundespolitischen Sparpakete dampfen die Mittel für Städtebauförderung ein, machen Schwimmbädern, Bücherhallen, Theatern und Musikschulen den Garaus und lassen Straßen und Plätze verwahrlosen.

Keinesfalls jedoch stehen die Baukräne still. Zwar hat die Krise das eine oder andere Projekt in der Versenkung verschwinden lassen und das Neubauvolumen um ein paar Prozent abgesenkt. Doch wer durch die Straßen der großen Metropolen fährt, findet allerorten Bauschilder, die Townhouses für junge Familien oder exklusive Wohnanlagen für das Alter bewerben und Toplagen für Unternehmensansiedlungen versprechen. Knapp anderthalb Jahre nach dem historischen Zusammenbruch der Finanzmärkte vermelden die Immobilienanalysten in fröhlicher Zuversicht, dass der Büroleerstand zwar wächst, die »Nachfrage vor allem nach gut ausgestatteten Flächen in Innenstadtlagen« aber den »Druck auf die Spitzenmieten«[156] weiter erhöhen werde.

Das Nebeneinander öffentlicher De-Investition und privater Investion, also die Umschichtung gesellschaftlichen Reichtums von der öffentlichen in private Hand prägt die Gegenwart und

Zukunft unserer Städte. Mit den bekannten Folgen: Während in den einen Stadtteilen die Abhängigkeit von sozialstaatlichen Transferleistungen und Perspektivlosigkeit ansteigt, perfektioniert sich in den anderen eine heile Welt mit Car-Lofts, Kinder-Yoga und Bio-Wochenmärkten.

Die Verwandlung der Stadt in eine Anlagesphäre ist die zeitgenössische Form, in der Urbanisierung zum Mittel wird für die »Absorbierung des Überschussprodukts, das Kapitalisten auf der Suche nach Profiten beständig schaffen«[157], wie der US-amerikanische Anthropologe und Marxist David Harvey schreibt. Harvey zeigt an historischen Beispielen, wie Urbanisierung ein Mittel zur Überwindung von Grenzen wird, die sich das Kapital selbst schafft – in seinem, wie Marx schreibt, »schranken- und maßlosen Trieb, über seine Schranke hinauszugehn«[158]. Mitte des 19. Jahrhunderts stellte der Umbau von Paris unter der Führung von George-Eugène Haussmann Mittel und Wege bereit, sozialen Unruhen vorzubeugen und profitable Anlagemöglichkeiten herzustellen. Der Flächenabriss von Arbeiterslums, der Bau monumentaler Boulevards mit Prachtbauten und die Errichtung neuer Stadtteile waren, so Harvey, ein »proto-keynesianisches System der schuldenfinanzierten urbanen Infrastrukturoptimierung«[159]. Paris wurde zur Industrie- und Konsummetropole. Neue Märkte entstanden, die die französische Hauptstadt – jedenfalls bis zum Zusammenbruch des Kreditsystems 1886 – zur Surplus-Absorptionsmaschine machten. Eine ähnliche Funktion hatte die Suburbanisierung der großen US-amerikanischen Städte nach Ende des Zweiten Weltkriegs. Mit dem Bau von Autobahnen und anderen öffentlichen Infrastrukturmaßnahmen investierte man in den Flächenausbau der Städte. Der *Urban Sprawl* schuf ein Bündel neuer Optionen für die Immobilien- und Konsumgüterbranche, denn die neuen, weißen, vorstädtischen Mittelschichten waren mit Häusern, Autos, Garagen, Einbauküchen und Couchgarnituren zu versorgen. Und er hinterließ die alten Stadtkerne als Slums für die überwiegend afroamerikanische Bevölkerung, die sich den Umzug nicht leisten konnte.

Der Boom der Finanzmärkte seit Mitte der achtziger Jahre hat zu einer erneuten Transformation im Prozess der Verstädterung geführt. Stadtentwicklung findet nun im weltumspannenden Maßstab statt. US-Immobilienfonds engagieren sich im asiatischen Raum, chinesische Banken setzen auf Hypothekenanleihen in den USA. Gigantische Infrastruktur- und Städtebauprojekte in China oder in den arabischen Öl-Staaten eröffnen neue Geschäftsfelder für das Finanzkapital. In den trockensten Regionen Südspaniens wachsen Geisterstädte mit Zehntausenden von Apartments inklusive Swimmingpool und Golfanlagen. In Peking muss das letzte öffentliche Freibad schließen, weil der Baugrund zu wertvoll ist. Im Wüstenstaat Dubai kann man im drittgrößten Indoor-Snowpark der Welt Skifahren, der Tagespass entspricht etwa der Hälfte des Monatseinkommens der asiatischen Tagelöhner, die auf den Baustellen des Emirats schuften. Luxuriöse Hotelresorts, Apartment-Anlagen, Business-Distrikte und *Landmark*-Projekte neben Millionenslums ohne fließendes Wasser und Strom gehören zum Bild der neuen Megacitys.

Die schuldenfinanzierte Urbanisierung ist zu einem globalen Business geworden. Ihre Konsequenzen sind sozial und ökologisch desaströs und widersprechen jeder stadtplanerischen Vernunft. Im globalen Süden und den Ländern des ehemaligen Ostblocks befördert sie massenhafte Enteignung, Verelendung und Prekarisierung der Bevölkerungsmehrheit auf der einen sowie luxuriöse Abschottung der global mobilen Businessclass und der lokalen Oligarchie auf der anderen Seite. Eine Entwicklung, die in den westeuropäischen Metropolen mit ihrer sozialdemokratischen Tradition bis dato eher die sozialen Extreme der neuen urbanen *Upper Class* am oberen Ende und der »neuen Unterschichten« am unteren Ende der sozialen Leiter betrifft. Mainstream im Prozess der urbanen Segregation ist bei uns eher das, was der Soziologe Heinz Bude die »Zonierung der Lebenswelt«[160] nennt: die Polarisierung der Stadt in Discount-Zonen, deren Bewohner tendenziell den privaten dem öffentlichen Raum vorziehen, und Latte-Macchiato-Zonen, die mit ihrer Lebendigkeit und Kleinteiligkeit als Habitat für ein ökonomisch und sozial erfolgreiches Leben gelten.

Die Mittel, die wir brauchen, um dieser Zonierung zugunsten einer Stadt für alle entgegenzuwirken, sind ohne eine Vergesellschaftung des sozialen Mehrprodukts nicht zu haben.

Ganz gleich, ob man diese Vergesellschaftung durch ein rhizomatisches Netzwerk lokaler Kämpfe, durch ein staatlich gesteuertes Reformwerk oder durch eine Kombination aus beidem erreichen will: Ziel ist es, den Finanz- bzw. Immobilienmärkten die Macht über die Stadtentwicklung zu bestreiten. David Harvey argumentiert: »Angesichts dessen, dass der urbane Prozess ein bedeutender Kanal zur Verwendung des Überschussproduktes ist, konstituiert die Etablierung eines demokratischen Managements über seinen urbanen Einsatz das Recht auf Stadt.«[161] Worin die sozialen Investitionen bestehen, die ein solches demokratisches Management veranlassen und verwalten würde, ist kein großes Rätsel. Es geht um den Bau günstiger, ökologischer und lebenswerter Wohnungen, es geht um die Ausstattung der Großsiedlungen und Schlafstädte mit Infrastrukturen, mit Einrichtungen, aus denen sich lokale Ökonomien und soziale Plattformen entwickeln können. Es geht um die Rückeroberung des öffentlichen Raums, um die Verwandlung von exklusiven Lagen in Orte verdichteter Unterschiedlichkeit, die allen Teilen der städtischen Gesellschaft selbstverständlich zugänglich sind. Denn die »Stadt der kurzen Wege«, planerisches Ideal der Achtziger und heute ein Premium-Produkt auf dem Immobilienmarkt, ist keinesfalls bloß das Anhängsel eines solventen urbanen Lifestyles. Die kurzen Wege, die Möglichkeiten, in der Nachbarschaft an einem informellen sozialen Netzwerk teilzuhaben, die guten Schulen und freundlichen Parks, die Verkehrsanbindung, das rege Straßenleben: All das ist für Pizza-Kurierfahrer und Obdachlose, für Putzkräfte und Rentner, für LKW-Fahrer und Supermarkt-Kassiererinnen genauso begehrenswert wie für eine urbane Elite. Stadtentwicklung für alle heißt: die Entsolidarisierung einer marktgesteuerten Polis zu ersetzen durch eine Politik, die – so Lefèbvre – »das Urbane als die Einheit aus Widersprüchen, als Ort des Zusammenpralls und der Konfrontation«[162] versteht und ernst nimmt. Es geht nicht um ein widerspruchsloses Utopia. Sondern um das Recht auf Stadt.

Anhang
Not In Our Name, Marke Hamburg![163]

Ein Gespenst geht um in Europa, seit der US-Ökonom Richard
Florida vorgerechnet hat, dass nur die Städte prosperieren, in
denen sich die »kreative Klasse« wohlfühlt. »Cities without
gays and rock bands are losing the economic development
race«, schreibt Florida. Viele europäische Metropolen konkurrieren heute darum, zum Ansiedlungsgebiet für diese »kreative Klasse« zu werden. Für Hamburg hat die Konkurrenz der
Standorte mittlerweile dazu geführt, dass sich die städtische Politik immer mehr einer *Image City* unterordnet. Es geht darum, ein bestimmtes Bild von Stadt in die Welt zu setzen: das
Bild von der »pulsierenden Metropole«, die »ein anregendes
Umfeld und beste Chancen für Kulturschaffende aller Couleur«
bietet. Eine stadteigene Marketing-Agentur sorgt dafür, dass
dieses Bild als »Marke Hamburg« in die Medien eingespeist
wird. Sie überschwemmt die Republik mit Broschüren, in denen aus Hamburg ein widerspruchsfreies, sozial befriedetes Fan-
tasialand mit Elbphilharmonie und Tabledance, Blankenese
und Schanze, Agenturleben und Künstlerszene wird. Harley-
Days auf dem Kiez, Gay-Paraden in St. Georg, Off-Kunst-
Spektakel in der Hafencity, Reeperbahn-Festival, Fanmeilen

und Cruising Days: Kaum eine Woche vergeht ohne ein touristisches Megaevent, das »markenstärkende Funktion« übernehmen soll.

Liebe Standortpolitiker: Wir weigern uns, über diese Stadt in Marketing-Kategorien zu sprechen. Wir sagen: Aua, es tut weh. Hört auf mit dem Scheiß. Wir lassen uns nicht für blöd verkaufen. Wir wollen weder dabei helfen, den Kiez als »bunten, frechen, vielseitigen Stadtteil« zu »positionieren«, noch denken wir bei Hamburg an »Wasser, Weltoffenheit, Internationalität«, oder was euch sonst noch an »Erfolgsbausteinen der Marke Hamburg« einfällt. Wir denken an andere Sachen. An über eine Million leerstehende Büroquadratmeter zum Beispiel und daran, dass ihr die Elbe trotzdem immer weiter zubauen lasst, mit Premium-Glaszähnen. Wir stellen fest, dass es in der westlichen inneren Stadt kaum mehr ein WG-Zimmer unter 450 Euro gibt und kaum mehr Wohnungen unter 10 Euro pro Quadratmeter. Dass sich die Anzahl der Sozialwohnungen in den nächsten zehn Jahren halbieren wird. Dass die armen, die alten und migrantischen Bewohner an den Stadtrand ziehen, weil Hartz IV und eine städtische Wohnungsvergabepolitik dafür sorgen. Wir glauben: Eure »wachsende Stadt« ist in Wahrheit die segregierte Stadt, wie im 19. Jahrhundert: die Promenaden den Gutsituierten, dem Pöbel die Mietskasernen außerhalb.

Und deshalb sind wir auch nicht dabei, beim Werbefeldzug für die »Marke Hamburg«. Nicht dass ihr uns freundlich gebeten hättet. Im Gegenteil: Uns ist nicht verborgen geblieben, dass die seit Jahren sinkenden kulturpolitischen Fördermittel für freie künstlerische Arbeit heutzutage auch noch zunehmend nach standortpolitischen Kriterien vergeben werden. Siehe Wilhelmsburg, die Neue Große Bergstraße, siehe die Hafencity: Wie der Esel der Karotte sollen bildende Künstler den Fördertöpfen und Zwischennutzungs-Gelegenheiten nachlaufen – dahin, wo es Entwicklungsgebiete zu beleben, Investoren oder neue, zahlungskräftigere Bewohner anzulocken gilt. Ihr haltet es offensichtlich für selbstverständlich, kulturelle Ressourcen »bewusst für die Stadtentwicklung« und »für das Stadt-Image« einzusetzen. Kultur soll zum Ornament einer Art Turbo-Gentrifizierung werden, weil ihr die üblichen, jahrelangen Trockenwohn-Prozesse gar nicht mehr abwarten wollt. Wie die Stadt danach aussehen soll, kann man in St. Pauli und im Schanzenviertel begutachten: Aus ehemaligen Arbeiterstadtteilen, dann »Szenevierteln«, werden binnen kürzester Zeit exklusive Wohngegenden mit angeschlossenem Party- und Shopping-Kiez, auf dem Franchising-Gastronomie und Ketten wie H&M die Amüsierhorde abmelken.

Die Hamburgische Kulturpolitik ist längst integraler Bestandteil eurer Eventisierungs-Strategie. Dreißig Millionen Euro gingen an das Militaria-Museum eines reaktionären Sammlerfürsten. Über vierzig Prozent der Ausgaben für Kultur entfallen derzeit auf die »Elbphilharmonie«. Damit wird die Kulturbehörde zur Geisel eines 500-Millionen-Grabes, das nach Fertigstellung bestenfalls eine luxuriöse Spielstätte für Megastars des internationalen Klassik- und Jazz-Tourneezirkus ist. Mal abgesehen davon, dass die Symbolwirkung der Elbphilharmonie nichts an sozialem Zynismus zu wünschen übrig lässt: Da lässt die Stadt ein »Leuchtturmprojekt« bauen, das dem Geldadel ein Fünf-Sterne-Hotel sowie 47 exklusive Eigentumswohnungen zu bieten hat und dem gemeinen Volk eine zugige Aussichtsplattform übrig lässt. Was für ein Wahrzeichen!

Uns macht es die »wachsende Stadt« indes zunehmend schwer, halbwegs bezahlbare Ateliers, Studio- und Probenräume zu finden, oder Klubs und Spielstätten zu betreiben, die nicht einzig und allein dem Diktat des Umsatzes verpflichtet sind. Genau deshalb finden wir: Das Gerede von den »pulsierenden Szenen« steht am allerwenigsten einer Stadtpolitik zu, die die Antwort auf die Frage, was mit städtischem Grund und Boden geschehen soll, im Wesentlichen der Finanzbehörde überlässt. Wo immer eine Innenstadtlage zu Geld zu machen ist, wo immer ein Park zu verdichten, einem Grünstreifen ein Grundstück abzuringen oder eine Lücke zu schließen ist, wirft die Finanzbehörde die »Sahnelagen« auf den Immobilienmarkt – zum Höchstgebot und mit einem Minimum an Auflagen. Was dabei entsteht, ist eine geschichts- und kulturlose Investoren-City in Stahl, Glas und Beton.

Wir haben schon verstanden: Wir, die Musik-, DJ-, Kunst-, Theater- und Film-Leute, die Kleine-geile-Läden-Betreiber und

Ein-anderes-Lebensgefühl-Bringer, sollen der Kontrapunkt sein zur »Stadt der Tiefgaragen« (*Süddeutsche Zeitung*). Wir sollen für das Ambiente sorgen, für die Aura und den Freizeitwert, ohne den ein urbaner Standort heute nicht mehr global konkurrenzfähig ist. Wir sind willkommen. Irgendwie. Einerseits. Andererseits hat die totale Inwertsetzung des städtischen Raumes zur Folge, dass wir – die wir doch Lockvögel sein sollen – in Scharen abwandern, weil es hier immer weniger bezahlbaren und bespielbaren Platz gibt. Mittlerweile, liebe Standortpolitiker, habt ihr bemerkt, dass das zum Problem für euer Vorhaben wird. Doch eure Lösungsvorschläge bewegen sich tragischerweise kein Jota außerhalb der Logik der unternehmerischen Stadt. Eine frische Senatsdrucksache etwa kündigt an, »die Zukunftspotenziale der Kreativwirtschaft durch Stärkung ihrer Wettbewerbsfähigkeit zu erschließen«. Eine »Kreativagentur« soll zukünftig u.a. »Anlaufstelle für die Vermittlung von Immobilienangeboten« sein. Wer sich die Mieten nicht leisten kann, muss sich als »künstlerischer Nachwuchs« einsortieren lassen und bei der Kreativagentur um »temporäre Nutzung von Leerständen« ersuchen. Dafür gibt es sogar einen Mietzuschuss, allerdings nur, wenn »die Dringlichkeit des Bedarfs und die Relevanz für den Kreativstandort Hamburg« gegeben sind. Unmissverständlicher kann man nicht klarstellen, was »Kreativität« hier zu sein hat: Nämlich ein *Profit Center* für die »Wachsende Stadt«.

Und da sind wir nicht dabei. Wir wollen nämlich keine von Quartiersentwicklern strategisch platzierten »Kreativimmobilien« und »Kreativhöfe«. Wir kommen aus besetzten Häusern, aus muffigen Proberaumbunkern, wir haben Klubs in feuchten Souterrains gemacht und in leerstehenden Kaufhäusern. Unsere Ateliers lagen in aufgegebenen Verwaltungsgebäuden, und wir zogen den unsanierten dem sanierten Altbau vor, weil die Miete billiger war. Wir haben in dieser Stadt immer Orte aufgesucht, die zeitweilig aus dem Markt gefallen waren – weil wir dort freier, autonomer, unabhängiger sein konnten. Wir wollen jetzt nicht helfen, sie in Wert zu setzen. Wir wollen die Frage »Wie wollen wir leben?« nicht auf Stadtentwicklungs-Workshops diskutieren. Für uns hat das, was wir in dieser Stadt machen, immer mit Freiräumen zu tun, mit Gegenentwürfen, mit Utopien, mit dem Unterlaufen von Verwertungs- und Standortlogik.

Wir sagen: Eine Stadt ist keine Marke. Eine Stadt ist auch kein Unternehmen. Eine Stadt ist ein Gemeinwesen. Wir stellen die soziale Frage, die in den Städten heute auch eine Frage von Territorialkämpfen ist. Es geht darum, Orte zu erobern und zu verteidigen, die das Leben in dieser Stadt auch für die lebenswert machen, die nicht zur Zielgruppe der »Wachsenden Stadt« gehören. Wir nehmen uns das Recht auf Stadt – mit all den Bewohnerinnen und Bewohnern Hamburgs, die sich weigern, Standortfaktor zu sein. Wir solidarisieren uns mit den Besetzern des Gängeviertels, mit der Frappant-Initiative gegen Ikea in Altona, mit dem Centro Sociale und der Roten Flora, mit den Initiativen gegen die Zerstörung der Grünstreifen am Isebek-Kanal und entlang der geplanten Moorburg-Trasse in Altona, mit No BNQ in St. Pauli, mit dem Aktionsnetzwerk gegen Gentrifizierung und mit den vielen anderen Initiativen von Wilhelmsburg bis St. Georg, die sich der Stadt der Investoren entgegenstellen.

Anmerkungen

Vorwort

1 http://www.cip-idf.org/
2 www.rechtaufstadt.net

Haupttext

1 Freie- und Hansestadt Hamburg, Behörde für Stadtentwicklung und Umwelt: *Altona-Altstadt Große Bergstraße / Nobistor: Vorbereitende Untersuchungen zur städtebaulichen Sanierung / Kurzfassung des Ergebnisberichts*
2 ebd.
3 Louis Wirth: »Urbanität als Lebensform«. In: Herlyn, U. (Hrsg.), *Stadt- und Sozialstruktur. Arbeiten zur sozialen Segregation, Ghettobildung und Stadtplanung*. München 1974, S. 38
4 Hartmut Häußermann / Andreas Kapphan: »Berlin. Ausgrenzungsprozesse in einer europäischen Stadt«. In: Häußermann / Kronauer / Siebel: *An den Rändern der Städte*, Frankfurt 2004, S. 204
5 Hartmut Häußermann / Martin Kronauer / Walter Siebel: »Stadt am Rand: Armut und Ausgrenzung«. In: Häußermann / Kronauer / Siebel: a.a.O., S. 10
6 Vgl. Politische Milieus in Deutschland – Die Studie der FES, Bonn 2007
7 Bürgerschaft der Freien und Hansestadt Hamburg: Rahmenprogramm Integrierte Stadtteilentwicklung (Rise), Senatsmitteilung vom 21.7.2009, Drucksache 19/3652
8 ebd.
9 *Guten Morgen Hamburg! BewohnerInnen und Anwohner planen für St. Pauli. Ideen, Skizzen, Beispiele*. Broschüre der Initiative »No BNQ«, Hamburg 2010
10 Christoph Schäfer: *Die Stadt ist unsere Fabrik*. Leipzig 2010
11 *die tageszeitung*, 1.12.1983
12 Unternehmen Hamburg. Vortrag von Dr. Klaus von Dohnanyi, Erster Bürgermeister und Präsident des Senats der Freien und Hansestadt Hamburg, zitiert nach www.ueberseeclub.de/
13 Klaus Ronneberger: »Konsumfestungen und Raumpatrouillen. Der Ausbau der Städte zu Erlebnislandschaften«. In: Jochen Becker (Hg.): *Bigness. Kritik der unternehmerischen Stadt*. Berlin 2001
14 zitiert nach Susan George, *A Short History Of Neoliberalism*, http://www.tni.org/article/short-history-neoliberalism
15 *Capital*, Ausgabe 07/1986
16 *Capital*, Ausgabe 07/1986
17 Saskia Sassen: *The Global City*. Princeton 2001, S. 26
18 ebd., S. 25
19 ebd., S. 5
20 ebd., S. 6
21 ebd., S. 331
22 ebd., S. 87
23 Ronneberger 2001, S. 29

24 Établissement public pour l'aménagement de la région de la Défense

25 »Die inszenierte Utopie. La Defénse«, *Geo* 3/1990

26 Anna Minton, *Ground Control. Fear And Happiness in the Twenty-First-Century City*, London 2009, S. 14

27 ebd., S. 5

28 Die EG-Wettbewerbskommission hat beide Verkäufe später überprüft, mit dem Verdacht auf wettbewerbsverzerrende »indirekte Beihilfe«. Im Falle des Daimler-Kaufs war eine Nachzahlung von 33,8 Millionen DM an den Berliner Senat fällig. Im Fall von Sony fand die Kommission keinen Grund zur Beanstandung, da das Unternehmen sich verpflichtet habe, »eine Reihe von Auflagen des Senats zur Ausgestaltung und Nutzung des Grundstücks im Gegenwert von 41,3 Millionen DM zu erfüllen«. (*Frankfurter Allgemeine*, 25.3.1993)

29 Rem Koolhaas: Massakrierte Idee. Offener Brief an die Jury vom Potsdamer Platz. *Frankfurter Allgemeine*, 16.10.1991

30 *Der Spiegel*, 43/1991, S. 265

31 http://www.richardrogers.co.uk/work/all_projects/potsdamer_platz

32 http://www.sonycenter.de/de/erleben/shoppingservice/106

33 Vgl. Pierre Bourdieu: »Ortseffekte«. In: P. Bourdieu et al. *,Das Elend der Welt*, Konstanz 2008, S. 163

34 Vgl. Lars Frers: »Den Marlene-Dietrich-Platz erleben. Konstellationen im Stadtraum«, Berlin 2001, http://userpage.fu-berlin.de/frers/mdp/

35 Vgl. www.potsdamer-platz.net

36 seit 1993 Royal Bank Of Canada

37 zitiert nach *die tageszeitung*, 3.6.1989

38 *Die Welt*, 30.11.1991

39 *Frankfurter Allgemeine*, 21.04.1993

40 *Die Zeit*, 16.5.1997

41 *Welt am Sonntag*, 31.10.1993

42 später Hafencity GmbH

43 Dr. Henning Voscherau: »Vortrag zum Übersee-Tag«, 7.5.1997, zitiert nach www.der-uebersee-club.de/

44 http://www.hafencity.com/de/ueberblick/das-projekt-hafencity.html

45 http://www.bergedorf-bille.de/index.php?id=98&tx_ttnews[tt_news]=25& cHash=d2c73a5e27

46 Hafencity Hamburg. *Projekte – Einblick in die aktuellen Entwicklungen*, Ausgabe 13, März 2010

47 http://www.hafencity.com/de/management/stadtentwicklung-aus-einer-hand -die-hafencity-hamburg-gmbh.html

48 www.hafencity.com

49 http://quartier-magazin.com/aktuelle-ausgabe/piazza-damburgo

50 *Die Zeit*, 30.10.2009

51 http://www.hafencitynews.de/index.php?option=com_content&task=vie& id=893&Itemid=58

52 http://www.klessmann.net/?p=103

53 *Leitbild Metropole Hamburg – Wachsende Stadt*. Senatsdrucksache vom 11.7.2002

54 Voscherau: »Vortrag zum Übersee-Tag«

55 *HafenCity – Anpassung des Grundstückskaufvertrags für das Übersee-*

quartier, Bürgerschaft der Freien und Hansestadt Hamburg, Drucksache 19/6162

56 http://www.hafencity.com/de/ueberseequartier.html

57 *Die Welt*, 26.05.2010

58 Hamburgs damaliger Finanzsenator Michael Freytag auf dem »Immobilien-Symposium Hamburg 2010« am 9.2.2010 im Hotel Riverside Empire

59 *Die erste Konzernbilanz eines deutschen Bundeslands*, Broschüre, Finanzbehörde Hamburg, 2008

60 *Hamburger Abendblatt*, 31.05.2010

61 damals noch »Gesellschaft für Hafen- und Standortentwicklung« (GHS)

62 *Der Spiegel*, 12/2010

63 *Der Spiegel*, 03/2006

64 *Süddeutsche Zeitung*, 22.5.2010

65 ebd.

66 http://www.stile-der-stadt.de/projekte/streetofbeauty.html

67 s. Anm. 1

68 So stoßen die Betreiber des Mojo Clubs 2002/2003 eine öffentliche Debatte über den Popkultur-Standort Hamburg an, die sich an der drohenden Schließung des in einer alten Bowlingbahn angesiedelten Clubs entfacht. Der öffentliche Druck und die politische Unterstützung bringt die Mojo-Macher schließlich in eine Verhandlungsposition gegenüber dem Investor, die eine Neubaulösung möglich macht.

69 z.B. in dem zwischen 2006 und 2009 aus der Hamburger Künstlerszene entstandenen Internetforum »The Thing«, das die Rolle von Kulturproduktion in der unternehmerischen Stadt intensiv diskutierte: http://www.thing-hamburg.de/

70 DingDong Art Festival, Katalog, Hamburg 2006

71 Friedrich von Borries: *Wer hat Angst vor Niketown? Nike-Urbanismus, Branding und die Markenstadt von morgen*, Rotterdam 2004, S. 53

72 ebd., S. 66

73 So findet der Nike-Talentwettbewerb »The Chance – Schreib Zukunft« zur Fußball-WM 2010 vor allem auf Facebook statt. Erst den Siegern der virtuellen Castingshow winkt das reale Erlebnis: der Besuch durch die »Nike Talentscouts« und als Hauptpreis ein echter Profivertrag.

74 Friedrich von Borries, a.a.O., S. 77

75 ebd.

76 zitiert nach Christoph Twickel (Hg.): *Läden, Schuppen, Kaschemmen. Eine Hamburger Popkulturgeschichte*, Hamburg 2003.

77 damals noch Gesellschaft für Hafen- und Standortentwicklung (GHS)

78 www.eventlabs.de

79 Richard Florida: *The Rise Of The Creative Class*, New York 2002, S. 215

80 ebd.

81 ebd., S. 207

82 Richard Florida, »The Rise Of The Creative Class«, *Washington Monthly*, Mai 2002

83 Florida 2002/1, S. 69

84 ebd., S. 201

85 ebd., S. XV

86 Sassen 2001, S. 288

87 Florida 2002/1, S. 323

88 ebd., S. 211

89 ebd., S. XV

90 ebd., S. 211

91 http://rangliste.faz.net/staedte/

92 http://www.hamburg-kreativestadt.de/leitbild.html

93 *Talentstadt Hamburg*. Endbericht, 26.6.2007, Roland Berger Strategy Consultants

94 *Leitbild Metropole Hamburg – Wachsende Stadt*. Senatsdrucksache vom 11.7.2002

95 http://www.subvision-hamburg.com/blog/2009/09/12/projektskizze/de/index.html

96 Rahmenprogramm Integrierte Stadtteilentwicklung (Rise) des Hamburger Senats, Senatsdrucksache, 21.7.09

97 *Leitbild Metropole Hamburg*, a.a.O.

98 IBA Hamburg GmbH, Geschäftsbericht 2007

99 Uli Hellweg im Gespräch mit Armin Chodzinski und Jan Holtmann. In: *IBA-Labor. Kunst und Stadtentwicklung. Das Betreiben eines vegetarischen Restaurants mit einer Horde Kannibalen*, Hamburg 2008, S. 29

100 *Leitbild Metropole Hamburg*, a.a.O.

101 Immobilien-Symposium Hamburg 2010, 9.-10. Februar 2010, Hotel Empire Riverside, St. Pauli

102 Interview mit Jürgen Warmke-Rose, Bezirksamtsleiter Altona. In: *Meilenstein. Stadtteilzeitung Grosse Bergstraße - Nobistor,* Ausgabe 04/2007

103 Freie- und Hansestadt Hamburg, Behörde für Stadtentwicklung und Umwelt: *Altona-Altstadt Große Bergstraße / Nobistor: Vorbereitende Untersuchungen zur städtebaulichen Sanierung* / Kurzfassung des Ergebnisberichts, s. Anm. 1

104 *Hamburger Morgenpost*, 22.07.2009

105 *Handelsblatt*, 8.3.2009

106 http://www.altona.info/2009/08/spd-%E2%80%9Edas-burgerbegehren-gegen-ikea-ist-eine-scheinheilige-eselei%E2%80%9C/

107 http://www.hamburg1.de/aktuell/Nachgefragt:_IKEA_in_Altona-2362.html

108 *Bild,* Hamburg, 5.1.2010

109 Weil der gesamte Bezirk über den Bürgerentscheid abstimmen darf, bleibt unklar, wie sich die von der Ikea-Ansiedlung tatsächlich betroffenen Stadtteile entschieden haben. Altona-Altstadt und das angrenzende Ottensen machen gemeinsam flächenmäßig nur etwas über sieben Prozent des Gesamtbezirks aus; die Menschen im benachbarten St. Pauli sind gar nicht stimmberechtigt, weil der Stadtteil zum Bezirk Mitte gehört.

110 http://www.welt.de/wirtschaft/article5934804/Hamburger-stimmen-fuer-Ikea-in-der-Fussgaengerzone.html?page=5#article_readcomments

111 http://gentrificationblog.wordpress.com/2009/11/19/hamburg-gangeviertel-erfolgreicher-protest-oder-rettung-der-marke-hamburg/

112 Veranstaltung am 18.2.2010, Endokrinologikum, Lornsenstraße 6, Hamburg-Altona

113 http://www.welt.de/wirtschaft/article5934804/Hamburger-stimmen-fuer-Ikea-in-der-Fussgaengerzone.html?page=5#article_readcomments.

114 Andrej Holm: *Wir bleiben alle! Gentrifizierung – Städtische Konflikte um Aufwertung und Verdrängung*, Münster 2010

115 http://www.unser-altona.org/2010/06/05/stellungnahme-der-gewerbetreibenden-zur-ansiedlung-von-%E2%80%9Estay-alive%E2%80%9C-in-der-virchowstrase-15/#more-31

116 http://www.emporio-hamburg.de

117 Härlin, Benny: »Lummerland ist abgebrannt«. In: Irene Lusk, Christiane Zieseke (Hg.), *Stadtfront BerlinWestBerlin*, Berlin 1982

118 Karakayali, Serhat: »Lotta Continua in Frankfurt, Türken-Terror in Köln. Migrantische Kämpfe in der Geschichte der Bundesrepublik«. In: *Grundrisse* 14, Wien 2005

119 zitiert nach *Frankfurter Rundschau*, 21.9.1970

120 http://www.frankfurt.de/sixcms/detail.php?id=2835&_ffmpar[_id_inhalt]=12737

121 *Die Welt*, 19.3.2005

122 Vgl. Kapitel 4

123 www.hamburg-convention.com/hamburg-entdecken/

124 *Hamburger Abendblatt*, 26.10.09

125 *Hamburger Abendblatt*, 16.12.09

126 Pressemitteilung Komm in die Gänge vom 24.9.2009

127 Pressemitteilung Komm in die Gänge vom 16.10.2009

128 *Hamburger Abendblatt*, 16.12.2009

129 *Die Welt*, 15.11.2009

130 *Hamburger Abendblatt*, 22.6.2010

131 *Hamburger Morgenpost*, 3.1.2010

132 *Bild*, 17.3.2010

133 www.gaengeviertel.info

134 Studio UC / Klaus Overmeyer: *Kreative Milieus und offene Räume in Hamburg*, Studie im Auftrag der Behörde für Stadtentwicklung und Umwelt, Hamburg 2010, S. 115

135 *Runde Tische für ein rundes Schanzenviertel*. Rote Flora, Arbeitsgruppe gegen Integration, Januar 2000

136 siehe Anhang

137 Interview für ZDF-Aspekte, November 2009

138 Vgl. Hakim Bey: *T.A.Z. The Temporary Autonomous Zone, Ontological Anarchy, Poetic Terrorism*, New York 1991; dt.: *Die Temporäre Autonome Zone*, ID-Verlag 1994

139 http://www.zeit.de/2007/46/D18-PrenzlauerBerg-46

140 *die tageszeitung*, 23.8.2006

141 Helge Peters, »Die Beistelltisch-Revolte«. In: *Hate. Magazin für Relevanz und Stil*, März 2010, http://wordpress.hate-mag.com/?p=174

142 Download unter http://www.empire-stpauli.de/online.php

143 Vgl. Kapitel 2, Interview mit Christoph Schäfer

144 http://www.ms-versenken.org/

145 http://www.ihr-seid-kuenstler.de/

146 http://www.friedaschanze.de/hamburg-sternschanze.html

147 Interview für ZDF-Aspekte, November 2009

148 Jane Jacobs, *Tod und Leben großer amerikanischer Städte*. Frankfurt/Wien 1963, S. 51

149 Zitiert nach: Rote Flora Kollektiv, *Vom Gleichgewicht des Schreckens.*
Autonomer Kampf gegen Umstrukturierung im Hamburger Schanzenvier-
tel (1998), www.nadir.org/nadir/initiativ/roteflora/texte/umkaempfte_
raeume. html

150 ebd.

151 Kiezinitiative Karla Pappel gegen Mieterhöhung und Verdrängung Alt-
Treptow: Offener Brief an die Gruppe FelS: *Gentrifizierung hat viele Ge-*
sichter – auch das von FelS? Juni 2009

152 *Immer diese Widersprüche*: Zum Offenen Brief an FelS, Juli 2009

153 Kiezinitiative Karla Pappel: *Immer diese Linken.* Antwort auf eine Antwort von FelS

154 http://www.syndikat.org/

155 *Rücke vor zur Schlossallee. Das Mietshäuser-Syndikat und die Hauspro-*
jekte. Broschüre, Freiburg 2010

156 Jones Lang Lasalle, Kurzkommentar zum 1. Halbjahr 2010, http://www.jo
neslanglasalle.de/Germany/DE-DE/Pages/NewsItem.aspx?ItemID=19679

157 David Harvey, »The Right To The City«. In: ders., *Social Justice And The*
City, Athens 2008, S. 317 f.

158 Karl Marx, *Grundrisse der Kritik der politischen Ökonomie*, MEW, Bd.
42, S. 253

159 David Harvey, »The Right To The City«, S. 318 f.

160 Heinz Bude, Das Phänomen der Exklusion. In: Heinz Bude / Andreas Wil-
lisch, *Exklusion. Die Debatte über die »Überflüssigen«*, Frankfurt a.M.
2008, S. 259

161 David Harvey, »The Right To The City«, S. 328 f.

162 Henri Lefèbvre, *Die Revolution der Städte*, Dresden 2003, S. 225

163 Manifest, veröffentlicht am 30.09.2009 im Gängeviertel. Alle Unterzeich-
nerinnen und Unterzeichner finden sich unter www.buback.de/nion

Bildnachweise

Kapitel 1: Scrabble auf der Großen Bergstraße / Hamburg-Altona 2006. Aus:
Public Spaces – Private Places. Eine aktive Untersuchung sozialer Praxis
von Sacha Essayie, Foto S. Essayie

Kapitel 2: Amphitheater von Arles, Zeichnung von Christoph Schäfer. Aus:
ders., *Die Stadt ist unsere Fabrik*, Leipzig 2010

Kapitel 3: Baukräne auf St. Pauli, Foto: Bernd Rumm

Kapitel 4: Gentrification Lubricants, Installation von Michalis Pichler, Berlin
2002/2008, Foto: M. Pichler

Kapitel 5: Komm in die Gänge, Aufkleber zur Ankündigung der Gängeviertel-
Besetzung am 22.8.2009, Foto: Christoph Twickel

Kapitel 6: »Ich möchte den Kapitalismus lieben, aber ich schaff es einfach
nicht.« Bild im Gängeviertel, Sommer 2009, Foto: Bernd Rumm

Kapitel 7: Frappant während der Besetzung im Dezember 2009, Hamburg-
Altona, Foto: Gerald Wolf

Anhang: »Eine Stadt ist keine Marke«. Graffiti, Hamburg-St. Pauli, Winter
2009/2010, Foto: Christoph Twickel

Inhalt